Der Hexenstieg bei der Felsenklippe im Bodetal

Waldweg in der 1. Etappe

Band 163

OUTDOORHANDBUCH

Conrad Stein

Harz: Hexenstieg

DER WEG IST DAS ZIEL

Harz:

Updates Verlagsprogramm Schnäppchen
www.conrad-stein-verlag.de

Alle Informationen, schriftlich und zeichnerisch, wurden nach bestem Wissen zusammengestellt und überprüft. Sie waren korrekt zum Zeitpunkt der Recherche. Eine Garantie für den Inhalt, z.B. die immerwährende Richtigkeit von Preisen, Adressen, Telefon- und Faxnummern sowie Internet-Adressen, Zeit- und sonstigen Angaben, kann naturgemäß von Verlag und Autor - auch im Sinne der Produkthaftung - nicht übernommen werden.

Der Autor und der Verlag sind für Lesertipps und Verbesserungen (besonders als E-Mail oder auf Diskette) unter Angabe der Auflagen- und Seitennummer dankbar.

Leser, deren Einsendung verwertet wird, werden in der nächsten Ausgabe genannt und erhalten als Dank ein Exemplar der neuen Auflage oder ein anderes Buch ihrer Wahl aus dem Programm des Verlags.

Titelfoto: Am Mangelhalber Tor

OutdoorHandbuch aus der Reihe "Der Weg ist das Ziel", Band 163

ISBN 3-89392-563-5 1. Auflage 2005

Dieses OutdoorHandbuch wurde konzipiert und redaktionell erstellt vom Conrad Stein Verlag GmbH, Postfach 1233, 59512 Welver, Dorfstr. 3a, 59514 Welver, ☎ 02384/963912, FAX 02384/963913, <info@conrad-stein-verlag.de>, <http://www.conrad-stein-verlag.de>.

Unsere Bücher sind überall im wohl sortierten Buchhandel und in cleveren Outdoorshops in Deutschland, Österreich und der Schweiz erhältlich.
Auslieferung für den Buchhandel:

D Prolit, Fernwald und alle Barsortimente,
A freytag & berndt, Wien,
CH AVA-buch 2000, Affoltern und Schweizer Buchzentrum.
I Mappa Mondo, Brendola

Text und Fotos: Conrad Stein
Karten: Heide Schwinn
Lektorat und Layout: Ulla Ackermann
Gesamtherstellung: Breklumer Druckerei, 25821 Breklum

Dieses OutdoorHandbuch hat 99 Seiten mit 15 farbigen und 9 schwarzweißen Abbildungen sowie 8 Karten. Es wurde auf chlorfrei gebleichtem Papier gedruckt und der größeren Strapazierfähigkeit wegen fadengeheftet.

0099000

Inhalt

Über den Autor

Conrad Stein radelte bereits im Alter von 13 Jahren allein von seiner Heimatstadt Kiel aus von Jugendherberge zu Jugendherberge in den Harz. Dabei muss er sich unterwegs mit dem Fernwehvirus infiziert haben, denn in seinen weiteren Ferien eroberte er sich so und per Daumen - und später per Vespa und VW-Bus - ganz Europa.

Zwei Reisen mit VW-Bussen durch Afrika, per Auto und Motorrad durch beide Amerikas, nach Fernost mit der Transsib, mehrmals durch die Südsee nach Neuseeland und Australien folgten - in und durch insgesamt 83 Länder.

In Australien und Neuseeland leitete er vier Jahre lang mehrere Jugendherbergen, bis er schließlich nach Deutschland zurückkehrte und 1980 den Conrad Stein Verlag gründete, in dem inzwischen weit über 250 ReiseHandbücher und OutdoorHandbücher erschienen sind und der 2005 sein 25jähriges Jubiläum feiert.

Das vorliegende Buch zeigt, dass ihn die Mittelgebirge immer noch (oder wieder?) interessieren und dass das Wandererlebnis in der freien Natur seine besonderen Reize hat.

Symbole

- Achtung!
- Aussichtspunkt
- Auto, Taxi
- Bahn
- Bank/Bankomat
- Brockenbahn
- Bus
- Café
- Karten
- E-Mail-Adresse
- geöffnet...
- Homepage
- Hotel, Pension, Gästebetten
- Information
- Jugendherberge, Wanderheim
- ⌘ Museum/Sehenswürdigkeit
- Parkplatz
- △ Schutzhütte
- Sitzbank/Tisch
- Post
- Restaurant/Imbiss
- Telefon
- Tipp
- Verweis

Einleitung

Geschichte

Obwohl es in den Randgebieten des Harzes zahlreiche Fundstellen von urgeschichtlichen Siedlungen gibt, setzte die Besiedelung des Harzgebirges erst gegen 950 n.Chr. ein. Vorher nutzten die sächsischen Könige das bis dahin herrenlose Gebirge - wie es sich für Hoheiten geziemt - als Jagdrevier.

Größere Handelswege, die die Fürsten- und Königshöfe miteinander verbanden, führten zunächst um den Harz herum. In dieser Zeit wuchsen die ersten Verbindungspfade und -wege in und über den Harz. Die ersten Siedlungen entstanden im Hochmittelalter durch Rodungen, und landwirtschaftlich nutzbare Flächen und Siedlungsgebiete entwickelten sich als Inseln im Wald. Heutige Ortsnamen, die auf -rode, -hagen oder -feld enden, deuten auf eine solche Entstehung hin.

Im Jahr 968 wurden beachtliche Vorkommen von Silbererz bei Goslar entdeckt und bald abgebaut. Ein wirtschaftlicher Aufschwung setzte ein und Goslar erlangte in kurzer Zeit einen gesicherten Wohlstand - wohl auch in seiner politischen Bedeutung als Kaiserpfalz. Die Regenten vergaben die Ausbeutung von weiteren Vorkommen (Eisen, Kupfer, Blei, Zink und Arsen) als Lehen an Städte und Klöster, sodass immer mehr Menschen Arbeit und Auskommen fanden. Das Bergwerk Rammelsberg wurde 1988 stillgelegt und ist heute als Museum und Weltkulturerbe zu besichtigen.

♦ Rammelsberg Museum, Bergtal 19, 38640 Goslar, ☏ 05321/7500, FAX 05321/750130, ✉ info@rammelsberg.de, 💻 www.rammelsberg.de

Zum Abstützen der Gruben und zur Verhüttung des Erzes war der Holzbedarf sehr hoch, sodass große Waldflächen abgeholzt werden mussten. Die notwendige Energie zum Fördern des Erzes gewann man aus Wasserkraft, die durch das Anlegen von Teichen (kleinen Stauseen), Gräben (befestigten Kanälen) und Wasserläufen (unterirdische Stollengräben) gewonnen wurde. Andauernde Unruhen - der Dreißigjährige Krieg, Hungersnöte und Seuchen wie die Pest - brachten Mitte des 14. Jahrhunderts den Bergbau vorübergehend zum Erliegen. Eine zweite Blütezeit des Bergbaus im Harz begann, nachdem Arbeitskräfte aus dem Erzgebirge angeworben worden waren. Die Oberharzer Bergstädte, wie Clausthal-Zellerfeld, St. Andreasberg und Altenau, erhielten als besonderes

Privileg die so genannte "Bergfreiheit", die u.a. Steuerfreiheit und gewerbliche Sonderrechte enthielt. Als sich die Erzvorkommen erschöpften, bzw. der Abbau sich nicht mehr rechnete, verarmte die Bevölkerung und die Kumpel verließen mit ihren Familien den Harz.

Ab Mitte des 19. Jahrhunderts, besonders aber nach dem Bau der Harzer Schmalspurbahn zum Ende des Jahrhunderts, milderte der einsetzende Tourismus die Not und es ging langsam aufwärts. Doch trotz des günstigen Klimas und der beeindruckenden Natur mit ihren Sehenswürdigkeiten blieb der Harz eine der ärmeren Regionen Deutschlands.

Ein weiterer Rückschlag war die Teilung Deutschlands nach dem Zweiten Weltkrieg, die die "Zonengrenze" mitten durch den Harz legte und Deutschland in Ost und West trennte. Das Brockenplateau und andere grenznahe Harzgipfel waren seit Kriegsende ein scharf bewachtes militärisches Sperrgebiet, in das selbst Einheimische nur mit einem Sonderausweis Zutritt hatten. Am 3. Dezember 1989 erzwangen mutige Wanderer durch eine Demonstration die Öffnung der Sperrzone.

Kurz darauf überschattete ein Unfall das freudige Ereignis. Ein Lehrer aus Bad Harzburg wollte auf eigene Faust einen Teil der Betonmauer durch Untergraben zum Einsturz bringen - was ihm auch gelang. Das zentnerschwere Teil stürzte leider in die falsche Richtung und erschlug den Mann...

Geografie und Geologie

Der Harz ist ein über 100 km langes und zwischen 30 und 40 km breites Schollengebirge. Es wird in den landwirtschaftlich genutzten niedrigeren Unterharz - etwa unterhalb einer Linie von Bad Lauterbach im Westen nach Wernigerode im Osten mit Höhen bis zu 400 m - und in den Oberharz - mit überwiegend bewaldeten Höhen bis zu 800 m - geteilt. Neben dem Wurmberg (971 m) und der Achtermannshöhe bei Braunlage (926 m) ist der Brocken mit 1.142 m Höhe nicht nur der höchste Berg des Harzes, sondern ganz Norddeutschlands.

Die Harzlandschaften sind durch Hochebenen mit Mooren, eindrucksvolle Kerbtäler, Bergwiesen und zahlreiche Teiche aber auch durch aufragende Bergketten, Klippen, Blockfelder, Kiefernwälder und lang gestreckte, teils schmale Täler, charakterisiert. Raues Klima mit heftigem Niederschlag, schweren Stürmen und schneereichen Wintermonaten mit grimmiger Kälte machen den Hochharz einzigartig.

Der Harz ist das geologisch vielfältigste unter den deutschen Mittelgebirgen, in dem überwiegend basenarme Gesteine anzutreffen sind. Die Auffaltung erfolgte im Wesentlichen vor 350 bis 250 Millionen Jahren mit zahlreichen westeuropäischen Mittelgebirgen, beispielsweise dem Fichtelgebirge sowie dem Rheinischen Schiefergebirge (deren nordöstliche Fortsetzung der Harz ist).

Wie bei den anderen deutschen Mittelgebirgen ist es im Jungtertiär und Altpleistozän zu einer stärkeren Heraushebung gekommen - umstritten ist, ob sie gleichmäßig oder ruckartig erfolgte.

In den westlich des Brockens gelegenen Tälern weisen Moränenablagerungen wie Geröll, Schuttdecken und Sande darauf hin, dass der Harz in geringem Maße vergletschert gewesen ist. Es treten an mehreren Stellen Tiefengesteine auf, wobei das größte Vorkommen der Brocken-Granit ist, der im Oberkarbon aufgedrungen ist.

Der Unterharz liegt im Herzen Sachsen-Anhalts, wo offene Landschaften, aber auch Laub- und Mischwälder sowie mäandrierende Wiesenbäche und Flüsse, die Landschaft prägen. Burgen, Schlösser, Kirchen und sakrale Figuren geben Zeugnis von einer tausendjährigen wechselvollen Besiedlungsgeschichte.

Markante, überwiegend aus Sandstein bestehende Höhenzüge durchziehen das nördliche Harzvorland von Norden nach Süden. Wegen der günstigeren Klimaverhältnisse ist die Landwirtschaft bildbestimmend. Von der bewegten Kulturgeschichte zeugen typische Städte wie Goslar, Bad Harzburg, Wernigerode, Blankenburg oder Quedlinburg mit zahlreichen Schlössern, Burgen und Klöstern sowie teilweise beeindruckend erhaltenen Altstädten.

Flora und Fauna

Das Ökosystem Wald ist in Deutschland und natürlich auch im Harz kaum mehr ungestört, ist aber immer noch der relativ unberührteste und natürlichste Lebensraum für Säugetiere und Vögel. Trotzdem sind viele Arten auch hier verschwunden bzw. gibt es deutliche Veränderungen. So wurden beispielsweise Bär (1725 der letzte erlegt), Wolf (1798) und Luchs (1818) im Harz vom Menschen ausgerottet. Uhu, Auerhuhn, Wanderfalke und Haselhuhn starben aus, da sich ihre Lebensräume aufgrund der Bewirtschaftung und Verdrängung durch den Menschen erheblich reduzierten.

Natürliche **Buchenwälder** sind von der untersten bis in die montane Stufe der vorherrschende Waldtyp im Harz. In Lagen um etwa 700 m Höhe werden sie von Buchen-Fichten-Mischwäldern abgelöst. Die Buchenwälder nehmen wegen der Holzverwertung durch den Menschen eine erheblich geringere Fläche ein. Von der Umwandlung in Fichtenforste sind vor allem die Buchenwälder in der montanen Stufe betroffen.

Fichtenwälder natürlichen Ursprungs sind in Niedersachsen nur im Harz vorhanden. Sie kommen in den Hochlagen vor, d.h. ab etwa 800 m Höhe bis knapp unterhalb des Brockens. Aus den vorherrschenden Klimabedingungen ergibt sich ein extremer Lebensraum für seltene und gefährdete Tier- und Pflanzenarten. Wegen der starken Umweltbelastung durch Immissionen vor allem aus den Fabriken und Haushalten zu DDR-Zeiten kann davon ausgegangen werden, dass die Artenvielfalt gegenüber den ursprünglichen Verhältnissen stark zurückgegangen ist.

Natürliche Fichtenwälder weisen relativ wenig Farn- und Blütenpflanzen auf, während die Moos- und Flechtenflora ganz besonders üppig entwickelt ist. Sie finden in einem Klima mit etwa 200 Nebeltagen im Jahr optimale Voraussetzungen, was besonders Flechten weitgehend resistent gegen Luftschadstoffe macht. Trotzdem wurden in den Fichtenwäldern der hochmontanen Stufe 21 Moos- und 4 Flechtenarten der Roten Liste gefunden. Bei den Pflanzen gibt es allerdings erhebliche Defizite: 20 Blüten- und Farnpflanzen gehören zu den gefährdeten Arten.

Die **Oberharzer Moore** sind Sonderstandorte und die extremen Lebensbedingungen bieten nur speziell angepassten Tier- und Pflanzenarten einen Lebensraum. Andererseits sind diese Arten wenig flexibel und deshalb ganz besonders an ihren Lebensraum gebunden. Durch Ausbeutungsversuche in der Vergangenheit (beispielsweise Torfgewinnung, die aber rasch wegen Unrentabilität aufgegeben wurde) und Trockenlegung ist die Artenvielfalt hier sehr stark zurückgegangen.

Fließgewässer im Naturzustand sind heute im Harz nur noch selten zu finden und viele haben noch Wildbachcharakter. Wegen der extremen Lebensbedingungen kann sich hier nur eine Flora und Fauna halten, die an die Standortbedingungen besonders gut angepasst ist. Auf jeden Fall gehören die Bäche und Flüsse zu den artenreichsten Lebensräumen: Zahlreiche Insektenarten leben während früher Larvenstadien an den Ufersäumen. Beispielsweise durchlaufen Bachforelle, Groppe und Äsche ihre frühen Entwicklungsstadien in der Gebirgsbachzone, während die Karpfenartigen in den Mittel- und Unterläufen vorkommen, die Cypriniden-Region genannt werden.

Die Hälfte des Wassers fließt in nur 60 Tagen jährlich ab. Vor allem im Frühjahr müssen die Bäche zur Schneeschmelze und nach heftigen Niederschlägen manchmal das Tausendfache von dem ableiten, was in Trockenzeiten abfließt. Wegen der schnellen Strömung und der daraus resultierenden kräftigen Durchwirbelung ist das Wasser fast immer zu 100% mit Sauerstoff gesättigt. Weil die meisten Bäche in den Oberharzer Moorgebieten oder in basenarmem Gestein entspringen, weisen sie in Quellnähe niedrige pH-Werte, eine niedrige Gesamthärte und geringe Nährstoffgehalte auf. Moorgebietswasser, das bei starker Verwirbelung schäumen kann, ist aufgrund seiner bräunlichen Färbung leicht als reich an Huminsäuren zu erkennen.

Schon früh legten Menschen künstliche Grabensysteme zur Ausnutzung der Wasserkraft (z.B. Oberharzer Wasserregal) oder zur Be- und Entwässerung von landwirtschaftlich genutzten Flächen an und griffen damit in die Natur ein: Wasser wurde abgeleitet oder die Wasserflüsse wurden unterbrochen. In jüngerer Zeit wirkten sich die umfangreichen Maßnahmen negativ auf die Umwelt aus, die meist zum "Hochwasserschutz" ausgeführt worden waren - Verrohrungen, Verbauungen, Einengungen und Befestigungen taten ein Übriges.

Die Wasseramsel ist die einzige bodenständige Vogelart, die ihre Nahrung unter Wasser laufend auf dem Stromgrund erbeutet, aber auch die Gebirgsstelze und der Schwarzstorch finden ihre Nahrung am Strom. Die überaus seltenen Schwarzstörche brüten in ungestörten, wasserreichen Laub- und Mischwäldern.

Hexenglaube und Walpurgisnacht

Die Wurzeln der späteren Walpurgisfeiern sind germanischen Ursprungs und liegen somit weit zurück in vorchristlicher Zeit: aus Freude über das Ende des Winters feierte man ein Opferfest. Dabei wurden durch Verkleidungen mit Masken, Lärm und Feuer auch böse Geister vertrieben. Name und Inhalt dieses heidnischen Spektakels wurden zur Christianisierung vor etwas mehr als tausend Jahren dem neuen Glauben angepasst.

Der heutige Begriff **Hexe** leitet sich vom althochdeutschen Wort *hagazussa* (d.h. Zaunweib) ab, das erstmals in Glossen des 9. und 10. Jahrhunderts überliefert ist. Dieser Ausdruck wird später - etwa in der Zeit des Hochmittelalters - für Frauen (oft missgestaltet, beispielsweise mit einem Buckel) verwendet, die über Zauberkräfte verfügen bzw. geheime Künste beherrschen sollen.

Ihre dämonischen Fähigkeiten haben sie angeblich durch einen Pakt mit dem Teufel erhalten, durch den sie Krankheiten und Tod auslösen sowie finanzielle und gegenständliche Schäden anrichten können. Ihre magischen Kräfte sollen vor allem zur Osternacht, zum Andreastag oder ganz besonders zur Walpurgisnacht außerordentlich groß sein.

Zu späterer Zeit, etwa im 16. Jahrhundert, kam der **Hexensabbat** hinzu. An geheimen Orten sammelten sich die Hexen, um gemeinsam zu ihrer teuflischen Feier auf dem Blocksberg (einem fiktiven Berg, den es in jeder Region gab) auf Besen und anderen "Fluggeräten" zu fliegen. Im Harz war dies der Hexentanzplatz bei ☞ Thale und der ☞ Brocken war der so genannte "Blocksberg".

Christliche Symbole und Handlungen wurden bei diesen schwarzen Messen verachtet und grotesk verzerrt. Schädliche Zauberei, sexuelle Hemmungslosigkeiten, wilde Tänze, obszöne Rituale wie das Küssen des Hinterns des Teufels, Kannibalismus und Kindermord gehörten angeblich zu diesen nächtlichen Festen. Dann ließen sich die Hexen mit dem Teufel vermählen, worauf dieser sie mit dem so genannten Hexenmal (meist einem unverfänglichen Leberfleck) "auszeichnete" und ihnen die Fähigkeit zur Zauberei gab.

Für das richtige Feeling bei diesen Aktivitäten sorgte eine aus verschiedenen "geheimnisvollen" Zutaten hergestellte Hexensalbe aus Tollkirsche, Misteln, Schierling, Johanniskraut, Stechapfel und anderen Nachtschattengewächsen. Die Hexen rieben sich und ihr Fluggerät vor dem Flug mit dieser Salbe ein, die einen mächtigen Rauschzustand bewirkte und den Frauen das Gefühl des Fliegens vermittelte sowie die sexuelle Phantasie anregte - so kamen vermutlich die abenteuerlichen Berichte von den Orgien mit dem Teufel zu Stande.

Im Laufe der Zeit entwickelt sich die Nacht auf den 1. Mai als wichtigster Termin für's Hexenfest - die nach der heiligen Walburga benannte Walpurgisnacht. Die heilige Walburga war eine gelehrte Frau und Äbtissin, deren Leben in keinem Zusammenhang mit Hexen und dem Teufel stand. Erst ihre Heiligsprechung durch Papst Hadrian II. an einem 1. Mai stellte die Verbindung zur heutigen Walpurgisnacht her. Durch ungezählte Wundertaten gilt sie als Schutzpatronin gegen böse Geister.

In Norddeutschland wurde der alles überragende Brocken der Hexentreffpunkt, um den Teufel zu verehren und von ihm neue Zauberkräfte zu empfangen. Die Walpurgisnacht entspricht dem amerikanischen Halloween am Ende des Jahres.

☺ Die Brockenhexe ist das typische Souvenir aus dem Harz. Kein Souvenirladen kommt dort ohne die hässlichen Puppen in jeder Form und Größe aus.

In den meisten Ländern Europas glaubte nicht nur das einfache Volk an die Existenz von Hexen, sondern auch die intellektuelle Führungsschicht und die katholische Kirche spielten dabei eine wichtige Rolle. Wurde im frühen Mittelalter der Hexen- und Teufelsglaube als Aberglaube bekämpft, änderte sich die Haltung der Kirche in späteren Jahrhunderten zu diesem Thema.

Die "Hexen" waren vor allem kräuterkundige Frauen und das, was Kräutermagie genannt wurde, wurzelte oft in einem tiefen Wissen um die Eigenschaften von Pflanzen und deren Anwendung, sodass oft Hebammen oder so genannte "weise Frauen" unter den Beschuldigten zu finden waren.

1484 ordnete Papst Innozenz VIII. in einer päpstlichen Bulle das Aufspüren von Hexen als Christenpflicht unter Führung der Kirche an. Unter dem Namen "Hexenhammer" erschien drei Jahre später eine Anleitung der beiden Dominikanermönche Jakob Sprenger und Heinrich Institoris, das "Malleus Maleficarum". In diesem Machwerk wurden detailliert Mittel und Methoden zur Hexenverfolgung erläutert, der ganze Ablauf "wissenschaftlich" begründet und die Todesstrafe durch Verbrennen bei lebendigem Leib vorgegeben. In Europa, in ganz Deutschland (auch vor allem im Harz) brannten die Scheiterhaufen. Über 300 Jahre lang wurden etwa 80.000 (!) Menschen der Hexerei beschuldigt und verbrannt - davon waren 75% Frauen - aber auch männliche Kinder und Greise blieben nicht verschont.

▷ Als Mittel gegen Hexenzauber bei verhextem Vieh galt der am Walpurgisabend gepflückte Lerchensporn (Corydalis), der zum Ausräuchern der Ställe verwandt wurde.

▷ Wer in der Walpurgisnacht einen Kranz aus Gundelreben (Glechoma) trug, erkannte angeblich alle Hexen. In der ersten Mainacht gepflückt, mit Salz und Hafer vermischt, dem Vieh als Schutz gegeben, half die Pflanze gegen angezauberte Krankheiten.

▷ Als Orakel wurde geglaubt: Streue etwas Erde auf einen Stein und pflanze darauf zwei Vergissmeinnicht. Wenn diese aufeinander zuwachsen, wird deine Hochzeit bald bevorstehen bzw. dein Geliebter wird dir treu bleiben.

▷ Oder: Schmücke dich zu Walpurgis mit einem Efeukranz, seine Zauberkraft wird den Geliebten anlocken.

Heutzutage werden nur zur Walpurgisnacht in mehr als 30 Harzgemeinden gelegentlich Strohhexen im Walpurgisfeuer als Touristenattraktion verbrannt - allerdings nicht ganz unumstritten! In dieser Nacht wird auch sonst allerlei Schabernack veranstaltet - beispielsweise das Aushängen von Gartenpforten oder das Verstecken von Schubkarren auf Bäumen.

Hexenkräuter

Allgemeiner Volksglaube war, dass Heilpflanzen und Kräuter, um ihre magischen Wirkungen voll entfalten zu können, zu bestimmten Tagen, Mondphasen und Stunden geerntet und angewendet werden mussten. Die "Hexe" sammelte ihre Kräuter also nicht nachts, weil sie nicht gesehen werden wollte, sondern weil es für jede Heilpflanze einen günstigsten Zeitpunkt gab, an dem die Wirkung der Pflanze am stärksten war und sie durchs Ernten am wenigsten von dieser Stärke verlor. Bei Vollmond sind dies besonders Thymian, Bärlapp, Lavendel und Basilikum.

Bei abnehmendem Mond sind die Säfte der Pflanzen im Wurzelwerk gespeichert und deshalb sollte man bei abnehmendem Mond besonders Pflanzenwurzeln und Baumwurzeln sammeln - um nur einige Beispiele zu nennen - es ist das alte Wissen "um das Gärtnern nach dem Mond".

▷ In der Walpurgisnacht sammelten die Hexen von den Waldwiesen die Blätterspitzen der Herbstzeitlosen (Colchicum autumnale) und bereiteten daraus einen Hexensalat, mit dem sie Tiere und Menschen vergifteten. Zu dieser Zeit fangen ja tatsächlich die erst im Frühjahr erscheinenden Blattspitzen an zu verdorren.

▷ Die meisten typischen Hexenpflanzen gehören zur Familie der Nachtschattengewächse, zu der das Bilsenkraut, die Tollkirsche, der Eisenhut, aber auch das Kartoffel- und Tomatenkraut sowie der Tabak gehören. Viele enthalten Alkaloide, Skopolamin oder Atropin und haben dadurch eine halluzinogene Wirkung, d.h. sie rufen erotische Träume oder das Gefühl des Fliegens hervor. Sie wurden zur Herstellung der mysteriösen Hexen- und Flugsalben verwandt; z.B. die Christrose und der Fliegenpilz (eine der ältesten Drogen der Menschheit). Mit diesen Salben sollen sich die Hexen vor allem vor dem Ritt zum Hexensabbat eingerieben haben.

Begriffe mit "Teufel" oder "Hexe" im Namen

- Teufelsauge: Adonisröschen
- Teufelskirschen: Atropa belladonna (Tollkirsche)
- Teufelskraut: Chelidonium majus (Schöllkraut)
- Teufelswurz: Aconitum (Eisenhut)
- Hexenbesen: Viscum (Mistel)
- Hexenblum: Anemone
- Hexenkraut: Actaea (Christophskraut), Circea (Hexenkraut), Hypericum (Johanniskraut), Valeriana (Baldrian)
- Hexenleiter: Farn
- Hexenmehl: Sporen des Bärlapps
- Hexenmilch: Euphorbia lathyris (Wolfsmilch) und Chelidonium majus (Schöllkraut)
- Hexennest: Viscum album (Mistel)
- Hexenring: im Kreis wachsende Fruchtkörper verschiedener Pilze
- Hexenrauch: Asarum europeum (Haselwurz)
- Hexenzwiebel: Bärlauch

Dichterworte zur Walpurgisnacht

Namhafte Dichter verewigten die Walpurgisnacht in ihren Werken. Der große deutsche Dichter *Johann Wolfgang von Goethe* beschreibt im "Faust", wie Menschen sich früher das Treiben in dieser Nacht vorstellten, denn Faust wird von Mephisto zur Walpurgisnacht auf den Brocken geführt, damit er sein Gretchen vergisst. Goethe reimt diese Zeilen zur Nacht der Hexen und Teufel:

"Die Hexen zu dem Brocken ziehn
Die Stoppel ist gelb, die Saat ist grün
Dort sammelt sich der große Hauf
Herr Urian sitzt oben auf.
So geht es über Stein und Stock,
Es farzt die Hexe, es stinkt der Bock.
Es schweigt der Wind, es flieht der Stern,
Der trübe Mond verbirgt sich gern.
Das leuchtet, sprüht und stinkt und brennt!
Ein wahres Hexenelement!
Der ganze Strudel strebt nach oben;
Du glaubst zu schieben, und du wirst geschoben."

...und weiter:

"Denn wenn es keine Hexen gäbe,
Wer Teufel! möchte Teufel sein!"

Der populäre humoristische Zeichner und Dichter von "Max und Moritz" *Wilhelm Busch* schmiedete ebenfalls Verse zur Walpurgisnacht. Anfang des 20. Jahrhunderts wohnte er in Seesen im Harz und erlebte die Aktivitäten zum Hexenfest hautnah mit. Diese inspirierten ihn zu folgenden Zeilen:

"In der ersten Nacht des Maien
Läßt's den Hexen keine Ruh;
Sich gesellig zu erfreuen,
Eilen sie dem Brocken zu.

Dorten haben sie ihr Kränzchen.
Man verleumdet, man verführt,
Macht ein lasterhaftes Tänzchen,
Und der Teufel präsidiert."

Das Hexen-Einmaleins

Der vielseitige *Johann Wolfgang von Goethe* beschäftigte sich seit seiner Jugend auch mit Magie und Mystik. Sein Besuch auf dem Brocken und seine anderen Harzreisen haben ihn tief beeindruckt - was sich auch in seinen Werken wieder findet.

Im "Faust" steht das "Hexen-Einmaleins", eine scheinbar sinnlose Zahlen- und Wortspielerei, die tatsächlich aber von einer Anleitung zum Ausfüllen eines magischen Hexen-Quadrats handelt: die Summen aus den Waagerechten und den Senkrechten ergeben immer das gleiche Ergebnis.

Du musst verstehn!
Aus Eins mach Zehn,
und Zwei lass gehn
und Drei mach gleich -
so bist du reich!
Verlier die Vier!
Aus Fünf und Sechs -

so sagt die Hex -
mach Sieben und Acht:
Dann ist's vollbracht.
Und Neun ist Eins
und Zehn ist keins.
Das ist das Hexen-Einmaleins!

Die Auflösung des Hexen-Einmaleins:

10	2	3
0	7	8
5	6	4

So muss das magische Hexen-Quadrat aussehen, wenn es richtig gelöst wurde, denn die Summe jeder Zeile und jeder Spalte ergibt immer 15.

Reise-Infos von A bis Z

An der Eisenquelle

Anreise/Abreise

Osterode als Startpunkt des Hexenstiegs ist von Süden über die A 7 (Abfahrt Northeim) und dann über die B 241 (30 km) gut zu erreichen.

▷ Von Norden und Westen fahren Sie über die A 2 und dann auf der A 7 (Abfahrt Seesen); dann weiter über die autobahnähnlich ausgebaute B 243 (30 km).

▷ Aus **Berlin** kommend verlassen Sie die A 2 bereits auf der Ausfahrt Braunschweig-Nord und fahren über die A 39 bis zur Anschlussstelle Salzgitter auf die A 7. Von dort aus über Seesen nach Osterode.

▷ Aus östlichen Richtungen nehmen Sie am besten die A 38 Richtung Nordhausen und fahren dann 50 km auf der B 243 nach Osterode.

Werktags verkehren fünf Züge zwischen Osterode und Seesen, dort umsteigen. Zusätzlich gibt es auch noch Busverbindungen.

▷ Die Bahnfahrt von Thale nach Osterode über Halberstadt und Salzgitter bzw. per Bahn und Bus über Goslar dauert ca. vier Stunden.

▷ www.bahn.de

Ausrüstung

Muss man es extra erwähnen: Feste Wanderschuhe, Regenzeug, Mütze/Hut und etwas Tagesverpflegung für unterwegs sind angebracht - obwohl ich neben zünftigen Gamaschenhosen auf meinen Wanderungen auch schon den einen oder anderen Turnschuhträger erblicken konnte.

Besonders im Hochsommer kann es vor allem bei den schweißtreibenden Aufstiegen - trotz des schattigen Waldes - heiß werden, sodass eine gefüllte Trinkflasche immer dabei sein sollte.

Selbst im Hochsommer kann es auf dem Brocken empfindlich kalt werden, vor allem wenn er sich in Wolken hüllt - dies gilt natürlich besonders im Frühjahr und im Herbst. Beachten sollten Sie auch, dass noch bis spät in den April hinein Schnee und Eis auf dem Brockengipfel keine Seltenheit sind.

Beste Wanderzeit

Der Weg ist für jedermann - auch für Familien mit Kindern - bestens geeignet. Meiden sollten Sie jedoch die Wochenenden mit Feiertagen, dann sind oft Gruppen unterwegs, die oft schon von weitem zu hören sind und natürlich die Rast- und Übernachtungsmöglichkeiten mit Beschlag belegen.

Ganz extrem ist es an Sommerwochenenden auf dem Brocken, wenn die Tagesausflügler mit der überfüllten Brockenbahn anreisen und das Plateau mit Kind und Kegel bevölkern.

Besonders reizvoll ist der Weg durch den Harz natürlich im Herbst wegen der bunten Mischwälder, aber der Frühling mit den blühenden Pflanzen im Unterholz und auf den Mooren ist ebenso reizvoll und lohnend.

Harzklub e.V.

Als der Harzklub 1886 zur Förderung des Fremdenverkehrs gegründet wurde, war es das erklärte Ziel, den Harz für Wanderer zu erschließen. Schwerpunkte im Aufgabenbereich des Harzklubs und seiner Zweigvereine im gesamten Harz und seinem Vorland sind dabei:

- ▷ Anlage, Markierung und Unterhaltung von Wanderwegen nach einheitlichen Richtlinien unter Berücksichtigung schutzwürdiger Bereiche
- ▷ Werbung für das Wandern; Herausgabe von Wanderinformationen und Wegbeschreibungen mit Hinweisen für naturgerechtes Verhalten
- ▷ Herausgabe und laufende Korrekturen von Wanderkarten
- ▷ Bau und Unterhaltung von Erholungseinrichtungen in der freien Landschaft, die dem Wanderer und der allgemeinen Lenkung des Wandertourismus dienen, wie z.B. Aussichtspunkte, Schutzhütten, Rastplätze, Orientierungstafeln, Lehrpfade, bewirtschaftete Wanderziele oder/und Hütten; Unterhaltung von Wanderheimen

♦ Harzklub e.V., Bahnhofstraße 5a, 38678 Clausthal-Zellerfeld,
☏ 05323/81758, FAX 05323/81221, ✉ info@harzklub.de,
💻 www.harzklub.de

Harzer Schmalspurbahnen (HSB)

Ursprünglich entstanden Ende des 19. Jahrhunderts drei Eisenbahngesellschaften, deren Streckennetze schon bald miteinander verbunden wurden. Heute sind die Gleise insgesamt über 131 km lang und bilden das längste zusammenhängende Schmalspurbahnstreckennetz Deutschlands mit einer Spurweite von 1.000 mm - die Harzquerbahn mit Brockenbahn (80 km) und die Selketalbahn (51 km).

Der Fahrzeugpark besteht aus 25 Dampflokomotiven, 6 Triebwagen, 16 Diesellokomotiven sowie einer Vielzahl historischer Personenwagen. Die beiden ältesten Dampflokomotiven wurden bereits 1897 gebaut (eine davon ist eine Malletlok) - was u.a. dazu führte, dass das Gesamtensemble der Harzer Schmalspurbahnen bereits 1972 noch zu DDR-Zeiten unter Denkmalschutz gestellt wurde.

1993 übernahm die Harzer Schmalspurbahnen GmbH (HSB) als erste private Eisenbahngesellschaft mit regelmäßigem Reisezugverkehr in den neuen Bundesländern den Betrieb von der Deutschen Reichsbahn (DR). Damit betreibt sie das größte Netz aller Schmalspurbahnen in Europa mit täglichem, historischen Dampfbetrieb. Gesellschafter der HSB sind die Landkreise Wernigerode, Quedlinburg und Nordhausen, die an der Strecke liegenden Kommunen, die Stadt Quedlinburg, die Gemeinde Tanne sowie die Kurbetriebsgesellschaft Braunlage.

Die Belegschaft besteht aus etwa 230 Mitarbeitern, die für die Beförderung von etwa 1 Million Fahrgästen pro Jahr verantwortlich sind. Der höchste Bahnhof befindet sich auf dem Brocken mit 1.125 m über NN und der tiefste ist der Bahnhof Nordhausen Nord in nur 183 m Höhe. Die größte Steigung beträgt 4% auf der Selketalbahn und 3,3% auf der Harzquer- und Brockenbahn. Gehalten wird an 44 Bahnhöfen und Haltepunkten.

Insgesamt werden 400 Brücken und Überführungen sowie ein Tunnel durchfahren. Zwischen Steinerne Renne und Drei Annen Hohne durchfahren die Züge der Harzquerbahn 72 Bögen - mit dem kleinsten Bogenradius von nur 60 m. Sieben Dampfloks aus den 50er Jahren bedienen den fahrplanmäßigen Zugbetrieb.

Hauptwebsite der HSB	www.hsb-wr.de
IG Harzer Schmalspur- und Brockenbahn e.V.	www.ig-hsb.de
Freundeskreis Selketalbahn e.V.	www.selketalbahn.de
Private Website zu den Harzbahnen	www.harzbahn.de

Information

Jeder Ort im Harz hat seine eigene Website und ist natürlich auch per e-mail zu erreichen. Die entsprechenden Angaben finden Sie jeweils bei den Ortsbeschreibungen in diesem Buch.

Allgemeine Auskunft	www.harzinfo.de
Harzer-Hexen-Stieg	www.hexenstieg.de
Pauschalangebote	www.wandern-im-harz.de
Nationalpark Harz	www.nationalpark-harz.de
Nationalpark Hochharz	www.nationalpark-hochharz.de
Harzer Schmalspurbahnen	www.hsb-wr.de
Oberharzinfos	www.harztourismus.de

Klima

Ja, ja das Wetter! - und: "Wenn der Hahn kräht auf dem Mist, ändert sich's Wetter oder es bleibt wie's ist." Die Sommermonate sind natürlich die schönsten im Harz, aber es kann besonders am Brocken zu dramatischen Wetterumschwüngen kommen.

Tief fliegende Wolken bleiben gern am Brocken hängen und verleiden einem den Aufstieg. Entweder irren Sie durch die feuchtkalten Wolken - die Sie als Nebel wahrnehmen - und sehen nichts oder es gießt in Strömen und der Weg ist aufgeweicht, matschig und damit rutschig.

Im Falle schlechten Wetters trösten Sie sich mit Heinrich Heine, von dem überliefert ist, dass er ebenfalls den Brocken nur in Nebel gehüllt erlebte.

Literatur und Karten

Über den Harz listet Amazon fast 800 Bücher, Bildbände, Karten usw. unter www.amazon.de auf. Hier nur eine kleine Auswahl, die den Hexenstieg betreffen:

- ▷ Harzer Hexen-Stieg, Heft mit Karte 1:30.000, Schmidt-Buch-Verlag, ISBN 3-936185-33-6, 1. Auflage 2004, € 6,80
- ▷ Harzer-Hexen-Stieg, Wanderkarte 1:50.000, Kartographische Kommunale Verlagsgesellschaft - KKV, ISBN 3-933494-92-3, 1. Auflage 2003, € 3,50, mit Begleitheft € 7,00
- ▷ Ostharz mit dem Netz der Harzer Schmalspurbahnen, Radwegen und Loipen. 1:50.000, Kompass-Verlag, ISBN 3-85491-632-9, 4. Auflage 2003, € 6,95
- ▷ Wandern im Harz, Harzwanderkarten-Set aus Wandern im Ostharz, Westharz und Begleitheft; Offizielle Karte des Harzklubs e.V., Landesamt für Landesvermessung und Datenverarbeitung des Landes Sachsen-Anhalt, ISBN 3-89761-111-2, 2003, € 12,90

Radwandern

Ist der Hexenstieg auch für Radwanderer geeignet? Die Antwort ist ein zweideutiges "Jein". Ich schätze, dass auf 50% des Weges ein Genussradeln möglich ist, ständig unterbrochen von 30% schwieriger, enger und steiler Strecke und der Rest ist Plackerei - also schieben oder tragen. Wenn dann noch schweres Gepäck zu schleppen ist - nein Danke!

Auf den letzten 15 km von Treseburg nach Thale ist das Radfahren sogar ausdrücklich verboten und wird durch ein Drehkreuz zusätzlich verhindert.

Im Übrigen ist der Hexenstieg als Wanderweg konzipiert worden und Wanderer haben eindeutig Vorrang!

- ▷ Die Größe einer Radlergruppe sollte nicht mehr als vier Personen betragen.
- ▷ Durch Klingeln schon in größerer Entfernung sollte ein Nahen von hinten angezeigt werden.

Ein forsches und schnelles Fahren beim Passieren von Wanderern sollte unbedingt vermieden werden!

Telefon

Am gesamten Verlauf des Hexenstiegs kann wegen der Nähe zu Orten und Städten mit dem Handy telefoniert werden. Lediglich in engen Tälern kann es sein, dass die Sende- und Empfangsleistung eingeschränkt bzw. unmöglich ist.

Transport am Weg

Die Start- bzw. Endpunkte Osterode und Thale haben DB-Bahnverbindungen, ansonsten können Sie vom ☞ Brocken und von den Orten ☞ Schierke, ☞ Drei Annen Hohne und ☞ Elend mit Zügen der ☞ Harzer Schmalspurbahnen zu den DB-Bahnhöfen Nordhausen, Gernrode und Wernigerode fahren.

In Niedersachsen fahren Busse des Verkehrsverbandes VSN/EFA zwischen den kleinen und großen Orten des Harzes. Auf der Harzseite in Sachsenanhalt verbinden Busse der INSA/NASA die Harzorte.

www.vsninfo.de, www.efa.de

www.nasa.de, www.insa.de

Unterkunft

Es gibt eine Vielzahl an Hotels, Pensionen und Privatzimmern sowie ein paar Jugendherbergen, Wanderheime und Naturfreundehäuser am Weg. Eine willkürliche Auswahl - die ich entweder selbst angeschaut habe oder die preisgünstig in der Nähe des Hexenstiegs liegen - führe ich bei der Routenbeschreibung auf.

Dies ist keine Qualitätsauswahl und ich freue mich auf Leserbriefe mit Tadel oder Lob zu den Häusern. Weitergehende Informationen zu Unterkünften finden Sie auf den Websites der jeweiligen **i** Touristeninformationen.

☺ Empfehlungen für weitere Übernachtungsmöglichkeiten und/oder Korrekturen werden umgehend auf der Website www.conrad-stein-verlag.de unter ☞ Programm veröffentlicht (bitte per e-mail an den Verlag schicken) und gern in der nächsten Buchauflage aufgenommen.

Wandern von West nach Ost oder Ost nach West?

Den Hexenstieg kann man in beide Richtungen laufen - der Brocken oder die Brokkenumgehung liegt immer in der Mitte. Entscheidend für meine Wahl der West-Ost-Richtung war der Hexentanzplatz in Thale als Höhepunkt am Ende der Wanderung.

Wie unterwegs?

Sie können die Wanderung in einem Stück in sechs Tagen absolvieren, wie ich sie in den Etappen beschrieben habe. Übernachtungsmöglichkeiten liegen direkt am Weg oder abseits in den Orten (zusätzlichen Zeitbedarf einkalkulieren). Vor allem in der Hauptsaison sollten Sie Übernachtungen schon von zu Hause aus buchen.

▷ Wenn Ihnen Ihr Gepäck lästig ist, können Sie auch eine Wanderung "ohne" machen, d.h. das Gepäck wird zur jeweiligen Tagesunterkunft gebracht.

- Harzer Verkehrsverband, Marktstr. 45, 38640 Goslar, ☏ 05321/34040, FAX 05321/340466, ✉ info@harzindo.de, 💻 www.harzinfo.de
  Beispiel: 6 Übernachtungen mit Frühstück € 315 im DZ pro Person
- Thale-Information, Rathausstr. 1, 06502 Thale, ☏ 03947/2597, ✉ info@thale.de, 💻 www.thale.de
  Beispiel: 6 Übernachtungen mit Frühstück € 288 im DZ pro Person
- Wandern im Harz, Unter den Linden 22, 38667 Bad Harzburg, ☏ 05322/559603, FAX 05322/559609, ✉ info@wandern-im-harz.de, 💻 www.wandern-im-harz.de
  Beispiel: 6 Übernachtungen mit Frühstück ab € 270 im DZ pro Person

☺ Wenn Sie ein Wohnmobil haben, können Sie jede Nacht in Ihrer fahrbaren Villa nächtigen. Wie geht das? Am Nachmittag oder Abend fährt einer von Ihnen per Bus, Taxi oder per Autostop zurück und holt das Wohnmobil nach. Parken Sie über Nacht an Ihrem neuen Startpunkt (frei oder auf einem Campingplatz/Stellplatz).

▷ Radfahrer haben ein eigenes Kapitel unter ☞ Radwandern.

Routenbeschreibung

Waldweg in der Nähe des Polsterberger Hubhauses

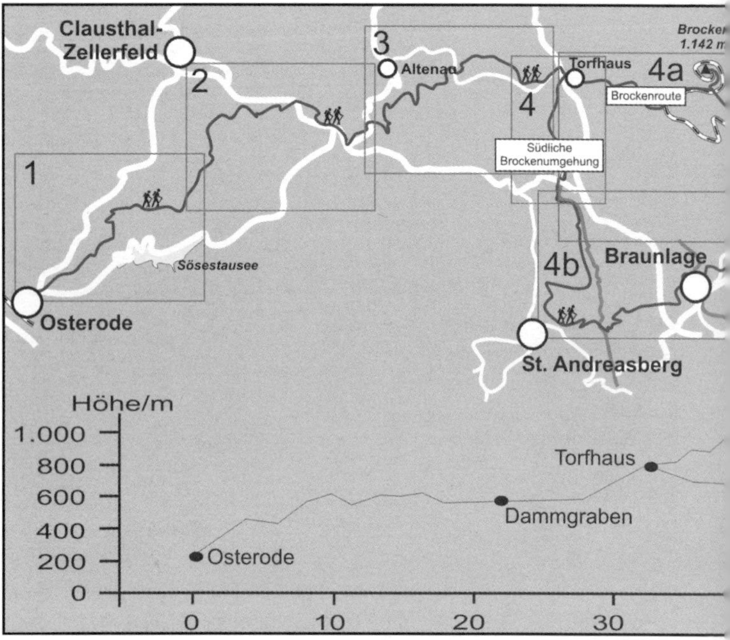

☺ Der Hexenstieg ist überwiegend gut ausgeschildert mit einer weißen Hexe auf einem Besenstiel reitend auf grünem Hintergrund. Die Brockenumgehung hat zusätzlich ein kleines "B" auf dem Schild.

Etappenübersicht

Etappe 1	Osterode - Altenau	25,5 km
Etappe 2	Altenau - Torfhaus	9,0 km
Etappe 3	Torfhaus - Schierke	16,2 km
Etappe 4	Schierke - Rübeland	19,0 km
Etappe 5	Rübeland - Treseburg	20,0 km
Etappe 6	Treseburg - Thale	11,4 km
Etappe 3a	Torfhaus - Braunlage	23,0 km
Etappe 3b	Braunlage - Rübeland	25,1 km

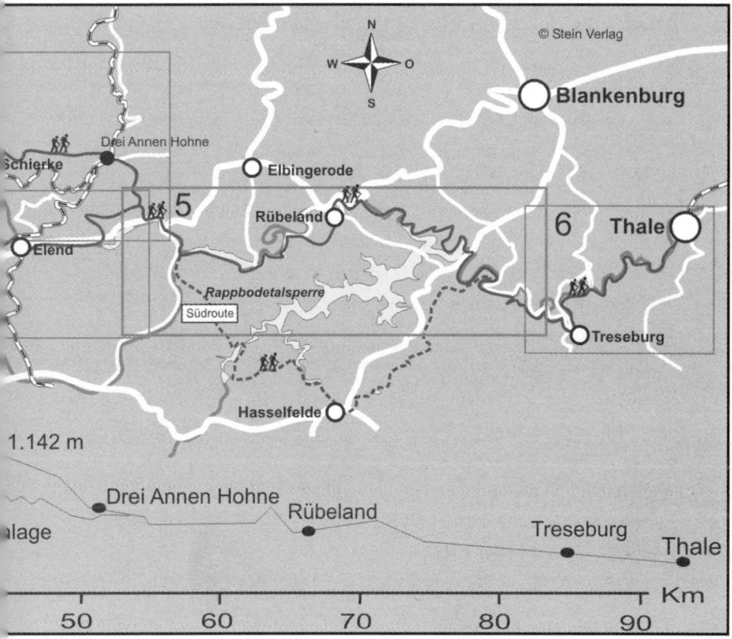

☺ Umwege oder Abstiege zu Übernachtungsorten sind in den Entfernungsangaben nicht immer eingerechnet, diese können sich gut und gerne auf zusätzliche 20 km addieren.

☺ Die Entfernungsangaben in diesem Buch habe ich mittels eines Pedometers selbst ermittelt und jeweils auf 100-m-Einheiten auf- oder abgerundet. Sie sind deshalb nur als ungefähr anzusehen.

Übrigens: Am 20. Juli 2004 lief der Sportler Jörg Peters den gesamten 97 km langen Hexenstieg von Thale nach Osterode - mit Brockenüberquerung - in nur elfeinhalb (!) Stunden.

Er erreichte in Begleitung von zwei Mountainbikern völlig durchnässt, aber in guter körperlicher Verfassung sein Ziel.

Etappe 1: Osterode - Altenau

Osterode

DB ⇧ 215 - 460 m 28.000 Ew. 1.100 37520 05522

Touristinformation in der Schachtrupp-Villa, Dörgestr. 40, ☎ 05522/318360, FAX 05522/318336, touristinfo@osterode.de, www.osterode.de

☺ Das jährlich herausgegebene "Urlaubs-Journal" enthält alle Sehenswürdigkeiten in Wort und Bild sowie alle Unterkünfte mit Ausstattung und Preisen.

Hotel Zum Röddenberg, Steiler Ackerweg 6, ☎ 90540, FAX 905454, sturm@hotel-roeddenberg.via.t-online.de, www.hotel-roeddenberg.de

♦ Hotel-Pension Hannover, Scheerenberger Str. 11, ☎ 2016 und ☎ 2017, FAX 75280

♦ Hotel-Pension Börgener, Hoelemannpromenade 10 A, ☎ 90990, FAX 909913, hotel-boergener@t-online.de, www.hotel-boergener.de

♦ Gasthof Zum Grünen Jäger, Obere Neustadt 7-11, ☎ 90290, FAX 3368, www.hotel-gruener-jaeger.de

Pension Coesfeld, Hengstrücken 111, ☎ 71222, FAX 5193, giesela.coesfeld@t-online.de, www.pensioncoesfeld.de

♦ Gästehaus Gisela, Hohe Str. 37, ☎ 6407

♦ Pension Tiroler Stuben, Scheerenberger Str. 45, ☎ 2022, FAX 920184, www.tirolerstuben.de

Jugendgästehaus, Scheerenberger Str. 34, ☎ 5595, FAX 6869, jgh.oha@t-online.de, www.osterode.de (kein Jugendherbergsausweis erforderlich)

In Chroniken wird der Ort schon um 1100 n.Chr. erwähnt und aufgrund seiner günstigen geografischen Lage am Schnittpunkt der wichtigsten Handelswege erlebte Osterode im 12. und 13. Jahrhundert einen wirtschaftlichen Aufschwung: Markt und Gericht gewannen an Bedeutung, die Osteroder brauten ihr eigenes Bier, prägten eigene Münzen und schlossen sich sogar dem 1241 zwischen Hamburg und Lübeck gegründeten mächtigen Wirtschaftsbund der Hanse an.

Sie schützten ihren Wohlstand 1233 mit einer 1.700 m langen Stadtmauer und fünf Jahre später bezeugen Urkunden eine "Bürgerschaft", einen "Rat" und den Bau der "Neustadt". 1261 wurde das Stadtwappen eingeführt, Wohlstand und Selbstbewusstsein wuchsen. Die Stadt hatte einen erheblichen Anteil an der Ausbeutung der Bodenschätze, am Holzreichtum des Harzes, nutzte die reichlich vorhandene Wasserkraft und trieb nutzbringend Handel mit Eisen und Kupfer sowie Gips aus den Lagerstätten am Stadtrand.

Der spätere Bildhauer und -schnitzer Tilman Riemenschneider wuchs in Osterode auf. Als er nach Wander- und Lehrjahren 1483 in Würzburg lebte, machte er sich bald einen Namen als begnadeter Künstler. In Süddeutschland begann seine beispiellose Karriere, die in Werken wie dem Heiligblutaltar in Rothenburg ob der Tauber (1501), dem Kreuzaltar in Dettwang (1510-13) und dem Creglinger Marienaltar (um 1505) gipfelten.

Beim großen Stadtbrand von 1545 blieben von der Feuersbrunst nur 40 Häuser verschont, auch Rathaus und Marktkirche wurden zerstört. Man hielt sich beim Wiederaufbau eng an den alten Stadtgrundriss und das überlieferte Fassadenbild.

1618 begann der Dreißigjährige Krieg und von 1625 bis 1627 wütete die Pest - sie raffte 1.200 Menschenleben dahin. Die durchziehenden Heere forderten ihren Tribut: Christian von Braunschweig, Graf von Tilly, die Pappenheimer, die Schweden, die Kaiserlichen und dann wieder die Schweden plünderten die Stadtkasse und marodierten durch die Stadt.

Im 18. Jahrhundert hatten die Osteroder die französische Besatzung im Siebenjährigen Krieg ausgehalten und sich dann fleißig wieder ihren Geschäften zugewandt. Die Stadt mauserte sich zu einem der bedeutendsten Wirtschaftsstandorte im Königreich Hannover: Tuchmacher und Spinnereien belieferten die hannoversche Armee, die Schuhmacher versorgten die Bergleute mit festem Schuhwerk, Hüttenwerke und Kupferhammer verarbeiteten die Kupfervorkommen des Harzes, die Gerber stellten Leder her, die Küfer bedienten mit Fässern und Kübeln u.a. die Osteroder Brauerei und das Brotgetreide wurde von Eselstreibern in die Oberharzer Bergstädte transportiert.

Mitte des 19. Jahrhunderts wurde Osterode zur "größten Industrie- und Gewerbestadt des Königreichs Hannover" und soziale Umwälzungen blieben nicht aus. Im Revolutionsjahr 1848 wurde der "Osteroder Arbeiterverein" gegründet und noch heute hütet der SPD-Ortsverein stolz die Fahne von 1868.

1871 wurde eine Bahnlinie eröffnet und 1885 wurde Osterode preußische Kreisstadt. Nachdem 1895 ein Großbrand 150 Gebäude in der Marienvorstadt in Schutt und Asche gelegt hatte, baute man an der verbreiterten Bahnhofstraße den "Kaiserhof" als Renommierhotel, denn immer mehr Besucher kamen ins "Tor zum Harz" und der Fremdenverkehr nahm zu.

Nach 1945 mussten Tausende von Flüchtlingen und Vertriebenen aufgenommen werden. Eine Leistung, die nur in den nachfolgenden "Wirtschaftswunderjahren" möglich war. Gleichzeitig wurde das Stadtbild erbarmungslos "autogerecht" gestaltet und Osterode nahm seine führende Stellung als Industriestandort wieder ein. Die Randlage zur DDR erwies sich jedoch als Hemmnis, das erst mit der Wende Anfang der 90er-Jahre beseitigt wurde.

⌘ Der **Kornmarkt** mit seinen gediegenen Fachwerkhäusern ist schon immer der Mittelpunkt der Stadt gewesen. Dienstag- und samstagvormittags wird in der Fußgängerzone ein Wochenmarkt abgehalten. Ein Bauernmarkt findet hier an jedem 1. und 3. Donnerstagnachmittag (ausgenommen Januar und Februar) statt, ebenso das Altstadtfest und der Weihnachtsmarkt. Die "Drei schwatzenden Frauen" sind vom Künstler treffend in Bronze gegossen und lassen so manchen Besucher schmunzeln.

Das Alte Rathaus von Osterode - im Hintergrund der gewaltige Turm der St. Aegidienkirche

⌘ 1552 wurde das **Alte Rathaus** erbaut, nachdem beim großen Stadtbrand das ursprüngliche Rathaus den Flammen zum Opfer gefallen war. Heute beherbergt es das Stadtarchiv, das Trauzimmer des Standesamts und den Ratskeller.

⌘ 1719 bis 1722 ließen die Landesherren "zum Nutzen des Harzes" (utilitati hercyniae, so die Inschrift) am Ufer der Söse ein 70 m langes imposantes siebenstöckiges Gebäude erbauen, das 2.000 t Getreide fassen konnte: das **Kornmagazin**. Mitte der 1980er Jahre wurde das denkmalgeschützte Gebäude für ca. 10 Mio DM zum Rathaus umgebaut.

⌘ Mit dem Bau der klassizistischen **Schachtrupp-Villa** wurde 1819 begonnen, der Garten diente lange Zeit als Kurgarten. 1858 ging die Villa ins Eigentum der Stadt über und wurde u.a. als Gymnasium und später als Touristinformation genutzt.

✞ Der gewaltige Turm der **St. Aegidienkirche** beherrscht das Stadtbild. Im Kircheninneren sind die Kassettendecke, der holzgeschnitzte Taufständer, der barocke Kanzelaltar sowie einige Grabplatten sehenswert.

✞ Die trutzige **St. Jacobi-Schlosskirche** gehörte einst zu einem Zisterzienser-Nonnenkloster. Erwähnenswert sind hier der Altar, das romanische Taufbecken, die Orgel und ein Grabmal.

Die Alte Burg in Osterode

⌘ Die **Alte Burg** liegt auf einer Anhöhe innerhalb eines Friedhofs und wurde im 12. Jahrhundert erstmalig urkundlich erwähnt. Der etwa 60 mal 40 m große Burgbereich genoss durch die talseitigen Abhänge einen natürlichen Schutz; zum aufsteigenden Berghang hin befand sich ein Burggraben. Der 34 m hohe Turm hatte einen Durchmesser von 14 m und ganz unten waren die Mauern aus Quarzit bis zu 3,70 m dick. Ab 1512 wurde die Burg nicht mehr bewohnt, vermutlich waren Baumängel der Grund. Im Laufe der Jahrhunderte wurde die Burg langsam ausgeschlachtet, d.h. die Baumaterialien fanden anderweitig Verwendung. Heute ist sie nur noch eine mit Zement zusammengehaltene Ruine, deren Besichtigung eigentlich nicht lohnt.

km 0 Vom riesigen **P** Parkplatz an der "Scheerenberger Straße" aus überqueren Sie auf einer Brücke zunächst die B 241, die in einen Straßentunnel hineinführt. Sie steigen dann den "Hundscher Weg" zunächst ca. 600 m ziemlich steil bergan.

Die Straße geht in einen Sandweg über und flacht ab. Vom Gipfelpunkt - etwa 80 m oberhalb der Stadt - haben Sie einen weiten Blick zurück auf Osterode, die weiße Felswand des Gipskarstgebirges und bei guter Sicht auf das südlich gelegene Leinebergland. Südöstlich ist der lange Höhenrücken des Rotenberges zu erkennen.

Heinrich Heine schreibt in seiner "Harzreise" 1824 über diese Stelle: "...von einer der ersten Höhen schaute ich nochmals hinab in das Tal, wo Osterode mit seinen roten Dächern aus den grünen Tannenwäldern hervorguckt wie eine Moosrose."

An einem blau gestrichenen Haus vorbei führt der Weg leicht ansteigend in einen Wald hinein. Der Hundscher Weg wurde einst von Eselskarawanen benutzt, die die Bergleute in Clausthal mit Brotgetreide aus dem Kornmagazin in Osterode versorgten. In der Gegenrichtung wurde das Erz zu den Verhüttungsplätzen außerhalb des Harzes transportiert. An einer Dreifachverzweigung befinden sich zwei Bänke mit einem Tisch und Sie nehmen den mittleren Weg weiter. Auffällig sind in dem nun folgenden Waldstück die vielen toten Baumstümpfe.
Der Weg steigt weiter an. Nach einem gemächlichen Anstieg passieren Sie im Wald einen Holzlagerplatz, wo auf der linken Seite ein Schild an den Mord an einer jungen Frau im Jahr 1876 erinnert.
An einem ehemaligen Aussichtspunkt auf Lerbach (heute zugewachsen) befindet sich ein Tisch mit zwei Bänken. Nach 200 m ist der **Eselsplatz** bei...

km 3,8 erreicht, eine Kreuzung mit fünf Verzweigungen. Hier befinden sich ein Tisch mit einer Bank sowie eine △ Schutzhütte mit einer Bank draußen. Im Inneren ist eine Feuerstelle mit Bänken ringsum eingerichtet. Diese Köte ist ein beliebtes Ziel auch für Tagesausflügler und brannte vor ein paar Jahren fast ab.

Der Sösestausee ist von hier zwar nur gut 700 m Luftlinie entfernt, aber durch den dichten Wald ist er nicht zu sehen. Der 500 m lange Talsperrendamm wurde 1931 fertig gestellt und war damals der größte Stausee Deutschlands. Er dient als Trinkwasserreservoir, schützt vor Hochwasserfluten und hat ein Spitzenzeitenkraftwerk zur Stromerzeugung.

Der Hexenstieg biegt hier links ab (der Hundscher Weg führt weiter geradeaus), führt bergab in einer Linkskurve in Richtung **Lerbach**. An dieser Stelle biegt der Hexenstieg rechts ab.

Nach 200 m weist ein Schild auf das 🛏✕🍷 "Hotel Sauerbrey 1,2 km" hin. Dazu biegt der Weg links ab und führt hinunter.

♦ Hotel Sauerbrey, Friedrich-Ebert-Str. 129, 37520 Osterode-Lerbach,
☏ 05522/50930, FAX 05522/509350, ✉ info@hotel-sauerbrey.de,
💻 www.hotel-sauerbrey.de

Sie gehen leicht ansteigend rechts weiter. Kurz darauf bietet sich ein etwas zugewachsener Blick von **Körnigs Ecke** und kurz darauf vom **Marienblick** über den alten Eisenhüttenort **Lerbach** bis Osterode.

Der Hexenstieg führt leicht gewunden weiter an einem Abhang entlang. Unten liegen noch die Ausläufer von **Lerbach**, dieses Wegstück wird "Rote Sohle" genannt.

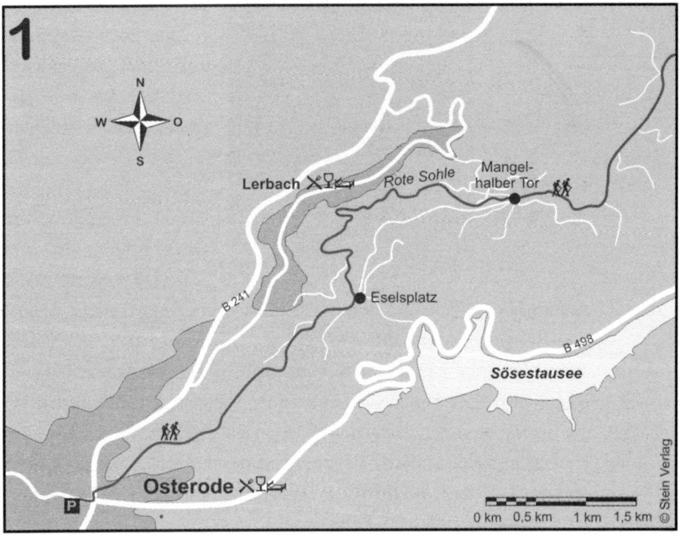

Der Weg erscheint rot, weil es hier Roteisenstein gibt, der bis etwa Ende des 19. Jahrhunderts in Lerbach abgebaut und verhüttet wurde. Roteisenstein bildet in zerkleinertem und nassem Zustand einen rotbraunen bis roten Schlamm. Möglicherweise stammt der Flurname Rote Sohl und folglich auch die heutige Wegbezeichnung daher.

km 6,2 Schlepplift für Skifahrer sowie eine △ Schutzhütte mit Bänken an der Mühlwiese. Unten im Tal sieht man einen Teich, das Waldschwimmbad und weiter entfernt einen Campingplatz liegen.

Der Hexenstieg zweigt jetzt rechts ab und steigt leicht an. In 700 m Entfernung befindet sich beim Schwimmbad eine ✕🍷 Gaststätte. Wenig weiter zweigt nach links ein Forstweg ab, der ins Tal hinunterführt.

Sie folgen dem Hauptweg aber nach rechts, der mit einem grünen Punkt gekennzeichnet ist.

Das Mangelhalber Tor am Hundscher Weg

km 7,2 Am **Mangelhalber Tor** münden von rechts drei Wege ein (u.a. der Hundscher Weg, den Sie am Eselsplatz verlassen haben).

Hier stehen zwei ⛩ Tische und Bänke. Gehen Sie auf dem Weg weiter geradeaus.

Vom Aussichtspunkt **Antons Blick** haben Sie eine schöne Aussicht auf den gegenüberliegenden Höhenzug, der merkwürdigerweise "Auf dem Acker" heißt. Der Turm obendrauf ist aus Stein erbaut und ist die **Hanskühnenburg** (in 811 m Höhe). Nebenan steht eine Hütte, die ganzjährig benutzbar ist.

km 10,0 An der Wasserscheide Innerste/Söse in gut 600 m Höhe kreuzt der Hexenstieg einen anderen Hauptweg. Links geht's hinunter nach **Buntenbock** (1,3 km) und rechts etwas versetzt führt der Hexenstieg weiter in Richtung Clausthal-Zellerfeld.

Buntenbock

⇧ 550 - 600 m ca. 700 Ew. 300 38678 05323

Tourist-Information, Alte Fuhrherrenstr. 5, ☏ 3583, FAX 3583, Mo bis Fr 14:30 bis 16:30, tib@harztourismus.com, www.harztourismus.de

Hotel Zur Tanne, Mittelweg 22, ☏ 3591, FAX 2158, landgasthaus-zur-tanne@harz.de

♦ Restaurant-Pension Am Kurpark, Mittelweg 13, ☏ 2143, inbusa@gmx.de

Die Innerste mündet bei Hildesheim in die Leine. Sie war der wichtigste Fluss für den Bergbau im Oberharz. Der Hexenstieg führt später noch bei km 13,4 an der Quelle der Innerste vorbei.

Der Hexenstieg führt jetzt in einen Nadelwald hinein, der nach Regenfällen sehr aufgeweicht sein kann. Nach 50 m passieren Sie eine verschlossene Waldarbeiterhütte und es geht bergab.

Der Waldweg mündet nun auf eine Schotterstraße, der Sie weiterhin bergab folgen. Nach wenigen 100 Metern teilt sich der Weg bei...

km 10,8 vor dem Bärenbrucher Teich. Folgen Sie dem Weg nach links.

Der Bärenbrucher Teich wurde 1644 angelegt, um die Wasserräder zum Antrieb der Pumpen und Fördereinrichtungen der Bergwerke westlich von Clausthal zu versorgen

Der Ziegenberger Teich

Nach ca. 100 m taucht der **Ziegenberger Teich** auf und der Hexenstieg führt auf einem Damm (mit Sitzbänken) zwischen den beiden Wasserflächen hindurch.

Direkt am Damm steht eine △ Schutzhütte mit Bänken im Inneren.

Die beiden Teiche und die im späteren Verlauf des Hexenstiegs folgenden Gräben sind Bestandteil eines ausgeklügelten Systems, das einst zur Wasserkraftgewinnung genutzt und als **Oberharzer Wasserregal** bekannt wurde. Insgesamt wurden 110 Teiche, 500 km Gräben und 30 km Wasserläufe als unterirdische Grabenfortsetzungen in Bergwerksstollen angelegt. Wasser wurde gebraucht, um in den Silber-, Blei-, Zink- und Eisenbergwerken Pumpen und Schöpfräder sowie Förderanlagen usw. anzutreiben.

Einerseits war Wasser gefürchtet, weil es in die Stollen und Schächte einsickerte und den Erzabbau behinderte oder sogar unmöglich machte. Andererseits konnte Wasser die Wasserräder drehen, die mittels Pumpen das eingesickerte Wasser aus den Gruben herausholten: "Wasser durch Wasser heben" war die Devise.

Das Kulturdenkmal Wasserregal bildet einen Komplex aus Gräben, Teichen und Stollen aus der Zeit zwischen 1536 und 1866. Heute sind noch 65 Teiche, 70 km Gräben und 20 km Wasserläufe aktiv. Dieses weltweit einmalige System steht unter Denkmalschutz und wird heute dankenswerterweise durch die Harzwasserwerke unterhalten.

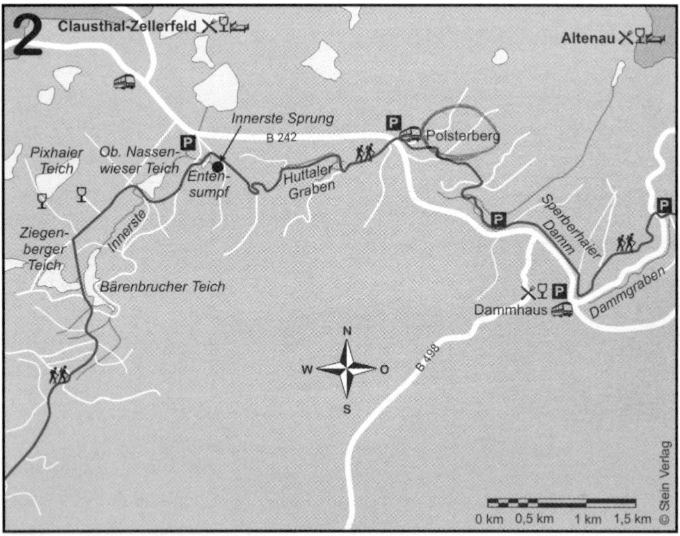

Der damalige Bergbau wurde erst durch von Wasserkraft angetriebene Maschinen (in der Bergmannssprache Künste genannt) ermöglicht, denn die Muskelkraft von Pferden (die bis dahin die Pumpen im Schacht mittels so genannter Göpelanlagen ständig in Gang hielten), reichte schon bald mit wachsender Tiefe nicht mehr aus - dasselbe galt für Menschen ("Wasserknechte"), die mit Ledereimern Wasser schöpften.

Probleme in der kontinuierlichen Wasserversorgung konnten trockene Sommer oder Vereisung im Winter bereiten, hier wurde mit entsprechenden Maßnahmen gegengesteuert.

☺ Eine Ausstellung zum Oberharzer Wasserregal ist bei den Harzer Wasserwerken in Clausthal-Zellerfeld zu besichtigen.

♦ Harzwasserwerke Betriebshof Clausthal, Kaiser-Wilhelm-Schacht, Erzstr. 24, 38678 Clausthal-Zellerfeld, ☏ 05323/93920, 💻 www.harzwasserwerke.de, 🚪 nur 1.4. bis 31.10., mittwochs und samstags 15:00 bis 17:00

Am Rande eines Grabens findet sich auf einer Tafel dieses schöne Gedicht:

Was früher war des Bergwerks Nutz,
steht heute unter Denkmalschutz!
So dieser alte Wassergraben,
den Bergleut' ausgeschachtet haben,
damit in Gruben, ferngelegen,
die Wasserräder sich bewegen.
Reiß nichts heraus, wirf nichts hinein,
lass beieinander, was aus Stein.
Gemeinsam wollen wir erhalten,
was, lang ist's her, gebaut die Alten.

Am Ende des Dammes befindet sich ein Überlauf, an dem das überschüssige Wasser des oberen Teiches in den unteren abfließt.

Eine kleine △ Hütte dort (mit ⩚ Sitzbank) verdeckt den Schacht zum Einstieg des 940 m langen unterirdischen Bärenbrucher Wasserlaufs, der am Südende des weiter nördlich gelegenen Pixhaier Teichdamms endet.

Nur 300 m weiter stößt der Hexenstieg auf einen Weg, der nach links geschottert und nach rechts schmal asphaltiert ist, dem Sie folgen.

km 11,5 Ein Weg zweigt nach links ab zum Pixhaier Teich und dem 🛏✕🍷 Hotel/Restaurant "Pixhaier Mühle" in ca. 800 m Entfernung. Von hier sind es ca. 2,5 km bis ins Zentrum von Clausthal-Zellerfeld.

🛏✕🍷 Waldhotel Pixhaier Mühle, An der Pixhaier Mühle 1, 38678 Clausthal-Zellerfeld, ☎ 05323/93800, FAX 05323/7983, ✉ pixhaier.muehle@t-online.de, 💻 www.pixhaier-muehle.harz.de

km 11,8 Der Hexenstieg trifft dann auf eine asphaltierte Fahrstraße, dort geht es links zum 🛏✕🍷 Restaurant "Rübezahl" ab.

✕🍷 Restaurant Rübezahl, ☎ 05323/5301, durchgehend warme Küche ab 11:00, montags geschlossen

Sie gehen weiter auf der Straße. Nach nur 50 m zeigt ein kleines Schild nach rechts auf einen Trampelpfad, dem Sie folgen. Er führt in den Wald zu einem Wassergraben. Biegen Sie hier links ab und gehen Sie hoch auf den Damm. Eine Schautafel erläutert, wie und wozu das Wasser benötigt wurde.

Eine ⩚ Sitzbank mit Blick über den **Oberen Nassenwieser Teich** lädt zum Verweilen ein. Der Hexenstieg führt weiter über den Damm.

Zwei weitere Schilder auf dem Damm erläutern die damalige Wassertechnik. Hier beginnt auch ein Rundweg von 650 m Länge, der alles noch einmal veranschaulicht. Das Problem damals war, dass noch keine Rohre mit großen Durchmessern hergestellt werden konnten, sodass Gräben entlang der Höhenlinien geschaffen werden mussten. Interessant und etwas verwirrend ist auch die Infotafel, auf der der Obere Fall erklärt wird.

Am Ende des Dammes biegt links ein Lehrpfad in den Wald hinein, der Hexenstieg biegt aber ca. 30 m dahinter ab.

Der Trampelpfad stößt auf eine schmale asphaltierte Straße. Folgen Sie dieser Straße nach links für ca. 300 m, bis rechts ein kleiner Pfad abzweigt.

Kurz darauf taucht der Teich **Entensumpf** auf, der ebenfalls künstlich angelegt wurde und der Wasserkraftgewinnung diente.

Ein großer Felsstein mit der Aufschrift "**Innerste Sprung**" markiert bei...

km 13,4 die Quelle des Flusses Innerste, die eingefasst aus einem Hang herausfließt und in den Entensumpf gelangt.

Der Quellgraben der Innerste

Nach nur 150 m ist ein Forstweg erreicht, dem Sie nach rechts bergan folgen. Links unten ist der **P** Parkplatz **Entensumpf** an der B 242 zu sehen.

Der nun asphaltierte Forstweg beschreibt eine Rechtskurve. Gehen Sie geradeaus weiter den Berghang hinab. Kurz darauf ist die sog. **Hutthaler Widerwaage** mit ⛼ Sitzbank erreicht, ein dreieckig angelegtes Wasserbecken mit zwei Zuläufen und einem Abfluss hinunter ins Tal. Eine Infotafel erklärt den bergmännischen Begriff der Widerwaage, die bei vollem Hirschler Teich, das Wasser zurückstaute.

Der Hexenstieg verläuft weiter am **Hutthaler Graben** entlang und zwar direkt auf einem Damm, der zur Talseite aufgeschüttet wurde, um das Wasser zu halten.

Als einziger Graben im Oberharz wurde dieser über eine Länge von 1,2 km absolut waagerecht angelegt, um Wasser zwischen dem Hirschler Teich und dem Unteren Hutthaler Teich je nach Bedarf hin und her fließen lassen zu können; er ist also eine Fortsetzung bzw. ein Teil der Hutthaler Widerwaage.

Nach ca. 1 km wird der **Hutthaler Teichdamm** erreicht, ein 138 m langer Aquädukt, über den das Wasser zur anderen Talseite geleitet wurde.

An der anderen Dammseite ist der Auslauf des 730 m langen **Schwarzenberger Wasserlaufs** (ein unterirdischer Kanalstollen) zu sehen, der heute vornehmlich Fledermäusen und Lurchen als Quartier dient.

km 16,1 Bald darauf ist die B 242 erreicht, die Sie nach links versetzt zu einem Parkplatz überqueren. Hier weist ein Schild auf das ✕🍷 **Polsterberger Hubhaus** in 800 m Entfernung hin, das Mahlzeiten und Getränke anbietet.

Das **Polsterberger Hubhaus** aus dem Jahr 1801 gehörte im 19. Jahrhundert zum Oberharzer Wasserregal, das das Wasser aus dem Dammgraben in den 18 m höher gelegenen Tränkegraben hob. Unter dem Hubhaus befand sich ein Schacht mit einer Pumpe, die wiederum durch Wasserkraft angetrieben wurde. Das nötige Wasser bezog man aus dem Polstertaler Teich, an dem sich unten im Tal zwei Wasserräder drehten. "Feldgestänge" aus Holz, ähnlich dem Pleuel einer Dampfmaschine, zusammen über 700 m lang, übertrugen die Kraft den Berg hinauf.

Zum Amt des Hubmannes und Grabenwärters gehörte das Schankrecht für Reisende und so ist das ehemalige Hubhaus auch heute noch eine viel besuchte Waldgaststätte. Pfingstmontags findet seit über 70 Jahren auf dem Polsterberg das traditionelle Brauchtumstreffen des Oberharzer Heimatbundes statt.

🛏✕🍷 Waldgaststätte Polsterberg, 38678 Clausthal-Zellerfeld,
☎ 05323/5581, FAX 05323/715507,
✉ polsterberger-hubhaus@harz.de

Sie gehen rechts hinunter an der B 242 entlang. In einer Linkskurve zweigt rechts ein Trampelpfad ab, der in den Wald führt. Der mit Baumwurzeln durchzogene Pfad endet an einem Forstweg, der gerade überquert wird. An einer Fünffachkreuzung nehmen Sie den zweiten Weg schräg rechts in Richtung Dammhaus.

Sie erreichen den Einlauf des **Rotenberger Wasserlaufs**, der 770 m lang ist und durch den ein 2,7 km langes Teilstück des Dammgrabens um den Rotenberg herum überflüssig wurde.

Hier erklärt eine Schautafel den **Winterbetrieb** des Wasserkraftsystems. Ein Einfrieren der Gräben hätte den Bergwerksbetrieb stillgelegt, sodass die Gräben im Spätherbst mit Holz und Reisig abgedeckt wurden, um dies zu verhindern. Weil Holz durch das jährliche neue Eindecken immer knapper wurde, sind Teilstücke auch mit Steinplatten gedeckt worden bzw. man ersetzte sie durch Wasserläufe (unterirdische Stollen).

Folgen Sie dem Graben, der weiter parallel zur Bundesstraße entlangführt, bis Sie wieder an die B 242 gelangen.

km 18,2 Vor Ihnen erstreckt sich der **Sperberhaier Damm**, der am höchsten Punkt 16 m hoch ist (hai = Kahlfläche). Da die Bundesstraße rechts stark abfällt, scheint der Damm durch eine optische Täuschung bergan zu führen, dabei beträgt das Gefälle tatsächlich nur 38 cm. Zunächst verläuft der Wanderweg auf dem Damm neben dem offenen Graben, um später auf dem inzwischen verrohrten Graben abgedeckt weitergeführt zu werden. Nach heftigen Regenfällen, die der Graben nicht so schnell aufnehmen konnte, lief er über, das Wasser versickerte im Damm und verursachte so Schäden durch Erosion.

Das **Dammgrabensystem** wurde vor allem für die Wasserversorgung der außergewöhnlich ergiebigen Grube Dorothea gebaut.

Das Herzstück des Dammgrabensystems, der 953 m lange Sperberhaier Damm, wurde zwar jahrelang geplant und vorbereitet, aber in nur gut zwei Jahren von 1732 bis 1734 erbaut, wobei 300 bis 400 Bergleute - in Spitzenzeiten sogar 600 - mit einfachsten Mitteln per Schaufel und Schubkarre das Erd- und Felsmaterial (etwa 180.000 Kubikmeter) rechts und links einfach entnahmen und aufschütteten.

km 19,2 Am Ende des Dammes befindet sich rechts die 🍴🍷 Gaststätte "**Sperberhaier Dammhaus**". Während der Bauzeit des Dammes diente das Dammhaus als Aufenthalts- und Umkleidehaus für die Bergwerksleute, später wohnte der Dammgrabenwächter darin.

🍴🍷 Sperberhaier Dammhaus, An der B 242, 38678 Clausthal-Zellerfeld, ☎ 05328/366, FAX 05328/8380, Mobil: 0175-6606959

Der Hexenstieg führt am P Parkplatz mit Bushaltestelle nach links in den Wald hinein.

Kolk in der Nähe des Sperberhaier Damms

Unterhalb des Abzweigs der B 498 nach Altenau befindet sich ein großer **Kolk**, ein Wasserloch, das durch abgeleitetes und überflüssiges Wasser über die Jahrhunderte ausgespült wurde. Um die Auskolkung zu verlangsamen, wurde ein Holzrost als Prallboden eingebaut.

Hier knickt der Hexenstieg nach links ab und der Dammgraben verläuft auf der anderen Straßenseite der B 498.

Der Pfad stößt jetzt auf einen Forstweg, dem Sie nach links folgen - oberhalb verläuft die Bundesstraße nach Altenau. Nach etwa 200 m biegt rechts ein Pfad in den Wald hinein.

Alsbald passieren Sie ein Wildgatter, das eine eingezäunte Schonung vor Wildverbiss bewahren soll. Der nun folgende Wegabschnitt kann nach Regen morastig sein. Sie verlassen die Schonung durch das zweite Gatter.

An der lustig sprudelnden **Fieke-Märtens-Quelle** stehen zwei Bänke, die zur Rast einladen (Martin Fieke lebte von 1660 bis 1733 in Altenau).

500 m hinter der Quelle wird die Bundesstraße überquert, und der Weg führt an einem Parkplatz mit Bänken und Tisch wieder in den Wald hinein. Nach nur 100 m wird wieder der Dammgraben erreicht, der Hexenstieg folgt ihm nach links stromaufwärts.

km 21,6 An der **Eisenquelle** ist 2003 eine neue △ Schutzhütte mit Tisch und zwei Bänken aufgestellt worden. An der Eisenquelle selbst befinden sich zwei weitere Bänke.

Der Hexenstieg am Dammgraben

Die Quelle ist nach dem eisenhaltigen Wasser benannt worden, das als rostrote Ablagerung zu sehen ist. Hier kreuzt auch der Gerlachsbach den Dammgraben. Eine Schautafel erklärt hier die vorhandenen kleinen Wehre, die den Wasserfluss regeln.

Der Hexenstieg führt immer weiter am Dammgraben entlang. Plötzlich taucht eine 1997 erneuerte Konstruktion auf, die es ermöglicht, einen von oberhalb einströmenden Bach bei zu viel Wasser mittels eines Überlaufs abzuleiten, damit der Dammgraben nicht überläuft und beschädigt wird.

km 23,6 Auf der linken Seite wird ein Gebäude mit einem riesigen Pfannendach ereicht.

Es ist das **Grabenhaus Rose**, das als Wasserwerk (ähnlich einem Wasserturm in den Städten) Verwendung fand. Es wurde Mitte der 70er Jahre erbaut und versorgte bis vor wenigen Jahren Altenau mit Trinkwasser, das aus dem Dammgraben abgezweigt und hier aufbereitet wurde.

Wegen der Einführung strengerer hygienischer Vorschriften musste diese Praxis eingestellt werden. Heute beziehen die Altenauer ihr Wasser aus Clausthal-Zellerfeld. Die riesigen gekachelten Wassertanks dienen nur noch zur Wasserbevorratung.

Ein steiler Forstweg geht gut 400 m hinunter zur B 498, die nach **Altenau** führt.

Unten befindet sich ein großer **P** Parkplatz und gegenüber das 🛏🍴🍷 Hotel "Forsthaus Rose".

🛏🍴🍷 Hotel Forsthaus Rose, Auf der Rose 17, ☎ 401, FAX 254,
✉ Hotel.zum.Forsthaus@harz.de, 💻 www.hotel.zum.forsthaus.harz.de

Nur 300 m weiter in Richtung Altenau liegt die Jugendherberge.

Jugendherberge, Auf der Rose 11, ☏ 361, FAX 8276,
jh-altenau@djh-hannover.de

Nach weiteren 1,2 km ist das Ortszentrum von Altenau bei...
km 25,5 und damit das Ende der 1. Etappe erreicht.

Altenau

⇧ 420 - 928 m ca. 2.000 Ew. 4.300 38707 05328

Information & Zimmervermittlung: "Die Oberharzer", Hüttenstr. 9, 38707 Altenau, ☏ 8020, FAX 80238, info@harztourismus.com, www.harztourismus.com

Landhotel Alte Aue, Marktstraße 17, ☏ 98010, FAX 980143, Glueck-auf@Landhotel-AlteAue.de, www.landhotel-alteaue.de

- Kurhotel Alte Mühle, Am Mühlenberg 1, ☏ 208, FAX 8291
- Moocks Hotel, Am Schwarzenberg 11, ☏ 222 und ☏ 98030, FAX 8189, www.moocks-hotel.de, Mocks-Hotel@t-online.de
- Hotel Restaurant, Cafe Parkhaus, Markt 3, ☏ 98000, FAX 1804, www.harztourismus.com/cafe-parkhaus
- Hotel Zur Schmiede, Bergstraße 36 a, ☏ 230, FAX 8241, info@harzhotel-zurschmiede.de, www.harzhotel-zurschmiede.de
- Hotel-Pension Bergquell, An der Silberhütte 18, ☏ 1211 und ☏ 911640, FAX 911636
- Landhaus, Am Kunstberg, Bergmannsstieg 5, ☏ 255, FAX 256, www.landhaus-am-kunstberg.de
- Hotel Pension Haus Machnik, Kleine Oker 9, ☏ 334, FAX 8561, info@haus-machnik.de, www.haus-machnik.de
- Hotel Pension Sonnenhof, Am Kunstberg 3, ☏ 98090 und ☏ 353, FAX 980999, sonnenhof@sonnenhof-altenau.de, www.sonnenhof-altenau.de

Anfang des 16. Jahrhunderts erließen die Landesherren die sog. "Bergfreiheiten", deren Vorteile (z.B. Holz zum Bauen und Heizen, Weiderechte, Back-, Markt- und Braurecht, Glaubensfreiheit sowie Ernennung von Richtern und Räten, usw.) überwiegend Bergleute aus dem sächsischen Erzgebirge bewogen, sich hier niederzulassen. 1617 erhielt Altenau das Stadtrecht. 1636 wurden die Bergfreiheiten verbrieft, womit Altenau zu den übrigen sechs "Freien Bergstädten" des Oberharzes gehörte. In dieser Zeit entstanden rings um Altenau viele Erzgruben, sodass 1610 eine Silberhütte gebaut wurde, die diese Schätze verarbeitete. 1618 brach der Dreißigjährige Krieg aus, und der Bergbau kam von 1620 bis 1630 ganz zum Erliegen.

Der Bergbau (Eisen und Silber) im Okertal, Schultal, Kleine-Oker-Tal, Große-Oker-Tal, Gerlachsbachtal sorgte für den Aufschwung des Ortes. Schließlich führten unterschiedliche Faktoren dazu, dass der Bergbau eingestellt wurde - der Eisenhüttenbetrieb endete 1871 und 1911 folgte die Stilllegung der Silberhütte. Als größere Arbeitgeber verblieben danach nur noch die staatliche Forstverwaltung und die Fuhrbetriebe, die mit ihren Pferden die Baumstämme aus den Wäldern zu den Sägewerken brachten.

1872 brach eine Pockenepidemie aus, die von außerhalb eingeschleppt worden war. Die Bergstadt wurde komplett unter Quarantäne gestellt und wegen Seuchengefahr von den umliegenden Orten abgeschnitten. Vier Menschen starben, als sich die zunächst relativ harmlose Krankheit in die "Schwarzen Pocken" verschlimmerte.

Um die Jahrhundertwende begann man, den Ort für den Tourismus zu erschließen, der heute mit 550.000 Übernachtungen pro Jahr die größte Erwerbsquelle ist.

1926 warb Altenau in einem Reiseführer mit einer blumigen Schilderung für sich, die ihresgleichen sucht: "Ragende märchenstille Forsten dehnen sich meilenweit ringsum und treten teils dicht an die Häuser heran. Lauschige Waldteiche, zahllose Quellen und lustig plaudernde forellenreiche Gebirgsbäche beleben ihren erhabenen Ernst..." und weiter über die Bergwelt: "...der unendlichen Einsamkeit und Stille dort oben und von eigentümlicher melancholischer Schönheit seiner Moore".

Ende der 50er bis in die 70er Jahre hinein boomte der Fremdenverkehr, es wurden sogar Kuhställe umgebaut und vermietet. Zum Höhepunkt des Fremdenverkehrs werden bis zu 80.000 Gäste pro Jahr mit 750.000 Übernachtungen gezählt. Günstige Pauschalreisen in südliche Länder ließen das Geschäft aber einbrechen - Harzurlaub war vor allem bei jüngeren Leuten nicht mehr attraktiv genug.

☺ In der sog. Heimatstube können Sie sich über die Geschichte der Stadt, den Bergbau, das örtliche Brauchtum und die Forstwirtschaft informieren.

✞ Die St.-Nikolai-Kirche wurde Mitte des 17. Jahrhunderts im harztypischen Fachwerkstil erbaut und hat eine barocke Glockenhaube.

Etappe 2: Altenau - Torfhaus

km 0 Der Hexenstieg führt weiter vom **Grabenhaus Rose** am Dammgraben entlang, und nach wenigen hundert Metern haben Sie von zwei Bänken einen schönen Ausblick über das Tal und den oberhalb von Altenau gelegenen Ferienpark Glockenberg.

Die Große Oker mündet in den Dammgraben

Nach ca. 700 m fließt von rechts die **Große Oker** in den Dammgraben und weiter talwärts. Eine raffinierte Konstruktion von Wehren ermöglichte den Grabenwächtern die Entnahme oder die Abgabe von Okerwasser. Der Dammgraben mündet laut plätschernd von links oben und läuft am bereits gegangenen Weg weiter.

Der Zufluss der Kleinen Oker

km 2,0 Eine kleine Wegbrücke mit einer Bank ist erreicht. Ab hier führt der Dammgraben durch hohen, lichten Fichtenwald. Ein weiterer Forstweg kreuzt den Dammgraben mittels einer Brücke, .

km 3,1 Folgen Sie dem Dammgraben weiter. Der Zufluss der **Kleinen Oker** wird überquert.

Ein Rauschen kündigt ein Umlenkbecken an, in dem nach einer Gefällstrecke das Wasser des Dammgrabens im rechten Winkel abgebremst wird. So wird ermöglicht, mitgeführte Sedimente abzulagern, um sie dann entnehmen zu können.

Die ständige Verlandung durch Schwebstoffe und Sedimente nach heftigen Niederschlägen war ein Problem, an dessen Lösung man vielseitig heranging. Bei den Wasserfassungen brachte man Vorrichtungen an, die die unerwünschten Stoffe über den Grabenrand weg beförderten oder sie in so genannten Drecksümpfen zum Absetzen brachten.

Nur wenig später wird eine kleine Lichtung mit zwei ⛼ Bänken erreicht. Rechts liegt der eingefasste **Silberbrunnen**, aus dem Trinkwasser tröpfelt.

km 3,6 An einer kleinen △ Schutzhütte mit ⛼ Bank kreuzt der Bach **Altenau** den Dammgraben. Wieder ermöglicht eine gut durchdachte Anlage die Entnahme oder die Abgabe von Wasser.

km 4,4 Direkt an einer 🚌 Bushaltestelle überquert der Hexenstieg in genau 600 m Höhe ü. N.N. die Landstraße nach Torfhaus.

Nach 150 m kreuzt der Bach **Scheidewasser** den Hexenstieg und kann dem Dammgraben Wasser spenden oder durch einen Überlauf talwärts fließen.

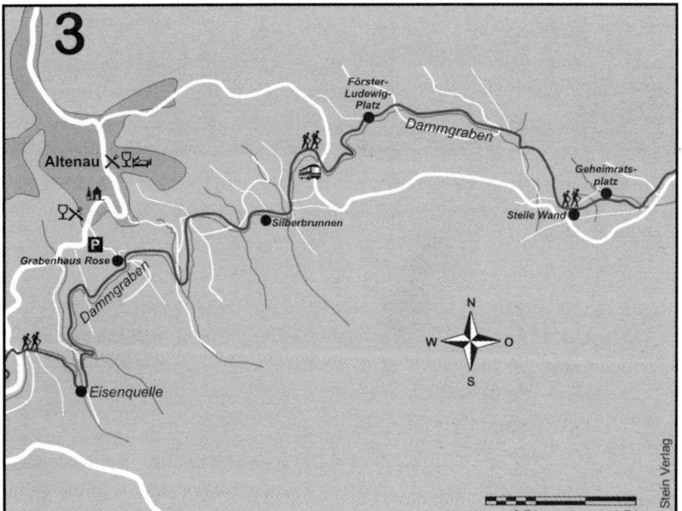

Am **Wagners Winkel** fließen zwei kleine Bäche in den Dammgraben. Hier steht auch ein Ensemble von drei ⛼ Bänken und einem Tisch.

km 5,0 Wegen einer Gefällstrecke kündigt sich der **Förster-Ludewig-Platz** durch lautes Rauschen des Dammgrabens an. Er hat eine △ Schutzhütte mit zwei ⛼ Bänken und einem Tisch sowie einer extra schattigen Bank.

Der Platz mit dem Gedenkstein für die im Ersten Weltkrieg gefallenen Forstleute und Waldarbeiter der Oberförsterei Altenau ist nach dem Förster Ludewig (1911-1934) von der Revierförsterei Bruchberg benannt. Die Schachtkopfhütte war bis 1972 eine Original Harzer Köte, die mit Rindenplatten abgedeckt war. Sie wurde 1974 ersetzt und 2002 renoviert.

Das Gefälle des Grabens ist hier mit Holz eingefasst und der Weg steigt links neben dem Graben an. Auf halbem Weg kreuzt in einer breiten Schneise eine Überlandleitung. Dort, wo das Gefälle abnimmt, ist der Dammgraben wieder mit Steinen eingefasst.

Ein Forstweg wird überquert und der Hexenstieg führt weiter durch den Wald. Beidseitig sind der Weg und der Dammgraben eingezäunt, um Schößlinge vor Wildverbiss zu schützen.

Lautes Rauschen kündigt die sog. "Wiege des Dammgrabens" an, einen Zusammenfluss von zwei Strömen aus dem Brocken-, Sieber- und Odergebiet, ⛼.

Durch den breiteren Graben wird das Wasser des nur 460 m langen Nabetaler Grabens heruntergeführt, der aber auf den letzten 290 m ein Gefälle von fast 40 m hat. Um Erosion durch das schnell herunterschießende Wasser zu verhindern, sind der Boden und die Seitenwände mit Holz ausgekleidet worden.

Der einfach und leicht zu gehende Weg entlang des Dammgrabens endet hier und steigt sofort an, kreuzt einen Forstweg und nur 20 m weiter folgen Sie einem ausgefahrenen Weg in den Wald hinein. Ein Schild zeigt "3 km bis Torfhaus" an.

Nach ca. 300 m stoßen Sie auf den **Nabetaler Graben** und folgen ihm. Eine kleine Hütte ist über dem Graben gebaut, danach folgt ein Wehr mit dem **Nabetaler Wasserfall**.

Der Hexenstieg folgt nun dem **Magdeburger Weg** über Baumwurzeln steil bergan, bis er eben verläuft und an einem Hang entlangführt.

km 7,4 Riesige Felsbrocken an der **Steilen Wand** ragen aus dem Waldboden und der Weg ist steinig und steil. Unterhalb eines Felsüberhangs hat man eine roh gezimmerte Bank ⩫ aufgestellt, die dem Geheimrat Schneider gewidmet ist - eine Gedenktafel an der Bank erinnert an ihn.

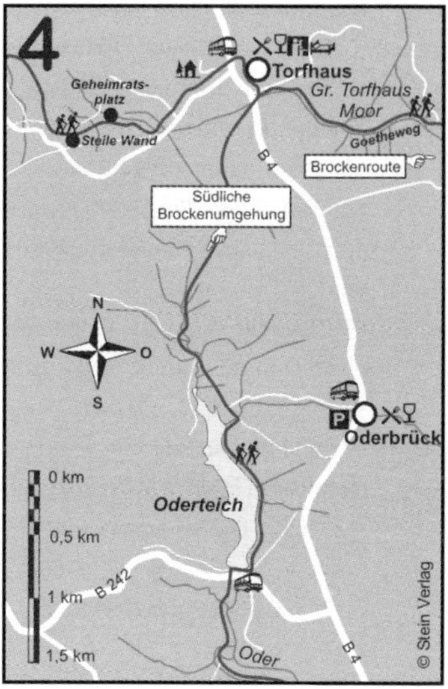

km 8,1 Kurz vor der Bundesstraße biegt links der Hexenstieg in Richtung Torfhaus (in 800 m Entfernung) ab. Ein mit Balken ausgelegter Weg überquert eine Feuchtstelle und stößt auf einen Forstweg. Gehen Sie nun über den großen Parkplatz bergan.

Das große braune Gebäude auf der linken Seite vor dem Sendemast ist die Jugendherberge Torfhaus.

km 9,0 **Torfhaus** ist das Sprungbrett zum Brocken mit der berühmten Brockensicht, gehört zur Gemeinde Altenau und bietet ein paar Übernachtungsmöglichkeiten sowie Restaurants.

In der Vor- und Nachsaison kann es allerdings passieren, dass es ab 17:00 kein warmes Essen mehr gibt - netterweise wird vom Kellner vielleicht Currywurst mit Pommes zubereitet - aber selbst in der Hauptsaison ist die Küche ab 18:00 kalt.

Torfhaus

🚌 ⇧ 928 m (zu Gemeinde Altenau) ✉ 38667 ✆ 05320

ℹ Nationalparkhaus, Torfhaus 21, ☎ 263, FAX 266, ✉ torfhaus@t-online.de, 💻 www.nationalpark-harz.de, 🚪 April bis Oktober täglich 9:00 bis 17:00, November bis März täglich 10:00 bis 16:00

🏠 🛏 ✕ DAV-Hütten-Gasthof, Torfhaus 25, ☎ 212, FAX 331000

♦ JH Torfhaus, Torfhaus 3, ☎ 242, FAX 254, ✉ jh-torfhaus@djh-hannover.de, 174 Betten, überwiegend 4 bis 6-Bettzimmer m. Waschgelegenheit, Du/WC auf den Etagen, 20 familiengerechte Zimmer

🛏 Schullandheim des Landkreises Hannover, ☎ 216 (wenn Platz ist, können auch kurzfristig Einzelwanderer oder kleine Gruppen aufgenommen werden)

♦ Wanderheim Torfhaus, Goetheweg 18, Auskünfte und Buchungen: Andrea und Bernhard Bender, Schlichlingswiesen 3, 30826 Garbsen, ☎ 05131/451928, FAX 05131/462952, ✉ andrea.bender@harzklub-hannover.de, nur Selbstversorger, Bettzeug mitbringen. Kein kurzfristiges Erscheinen möglich, auf jeden Fall vorher rechtzeitig telefonieren!

Die Brockensicht bei Torfhaus

Die an der B 4 gelegene Siedlung Torfhaus ist mit 812 m die höchste des Harzes. Der Name stammt von den Torfstechern, die den Torf aus den nahen Hochmooren abbauten. Noch heute befinden sich in der Umgebung große Hochmoore mit bis zu 6 m mächtigen Torfschichten. Der Hexenstieg führt später an einem solchen Moor entlang.

Zwei riesige Antennenanlagen bestimmen das Ortsbild, von denen eine vom NDR (ein 243 m hoher abgespannter Stahlrohrmast) und die andere von der Deutschen Telekom betrieben wird (130 m hoch). Auf einem 57 m hohen Stahlfachwerkturm waren bis zu Beginn der 1990er Jahre Parabolantennen von 18 m

Durchmesser installiert, mit denen eine Überhorizontrichtfunkverbindung nach West-Berlin ermöglicht wurde.

Am P Parkplatz mit Imbiss und einer Andenkenbude steht ein Nationalparkdenkmal, das aus drei großen Felsbrocken und einer bronzenen Erdkugel in der Mitte besteht. Auf einem dieser Findlinge ist ein Leitsatz der Nationalparkbewegung "Global denken, lokal handeln" eingemeißelt.

Wenn es das Wetter erlaubt, haben Sie von hier einen sehr schönen Ausblick auf den Brocken, der gut 5 km Luftlinie entfernt liegt. Wegen der zahlreichen Restaurants sowie des großen und kostenlosen P Parkplatzes, ist Torfhaus als Ausgangs- und Endpunkt einer Brockenwanderung sehr gut geeignet.

Etappe 3: Torfhaus - Schierke

km 0 Gehen Sie auf der linken Seite der B 4 in südlicher Richtung. An der nach links abzweigenden Asphaltstraße Goetheweg biegen Sie ab in Richtung Brocken und passieren mehrere Häuser, u.a. ein Schulland- und ein Wanderheim.

Hinweis: Wenn Sie den Brocken umgehen möchten, überqueren Sie hier an der Einmündung des Goethewegs die B 4 schräg und gehen in einen Forstweg hinein. Diese Brockenumgehung beschreibe ich im letzten Kapitel dieses Buches als Südumgehung des Brockens.

Am Ende der Häuser biegt rechts der Hexenstieg in den **Goetheweg** ab. Ein Schild **Radauer Born Moor** weist bei...

km 1,0 auf einem Bohlenpfad auf einen Ausläufer des **Großen Torfhaus Moores** hin, das einst dem Ort seinen Namen verlieh.

Hier wurde 70 Jahre lang Torf gestochen, der als Brennstoff Verwendung fand und den zur Neige gehenden Holzbestand des Harzes ersetzen sollte. Der Abbau wurde aber 1767 wegen Unrentabilität wieder eingestellt.

Der nur ca. 300 m lange lohnende Umweg auf einem Bohlensteg durchs Randgebiet des ältesten Harzer Sattelmoores mit einer Fläche von etwa 30 ha und einer Mächtigkeit von bis zu 6 m mündet später wieder in den Hexenstieg ein.

Kurz darauf ist der **Abbegraben** erreicht, an dem sich auch zwei Wehre befinden, mit denen der Wasserfluss reguliert werden kann. Im Gegensatz zu den bisherigen Gräben ist dieser mit Holzplanken eingefasst.

Goethe hielt sich insgesamt fünfmal im Harz auf. Während der Reisen zwischen 1777 und 1784, befasste er sich vornehmlich mit bergbaulichen und geologischen Fragen. Auf seiner ersten Reise im Dezember 1777 führten den 28-Jährigen berufliche Gründe in den Harz - als Weimarer Bergwerkskommissar war er mit der Wiederaufnahme des Bergbaus in Thüringen betraut.

Im Dezember 1777 bestieg er, zusammen mit dem Torfhauser Förster Degen, den Brocken als erster im Winter. Der Weg, den die beiden nahmen, ist heute als

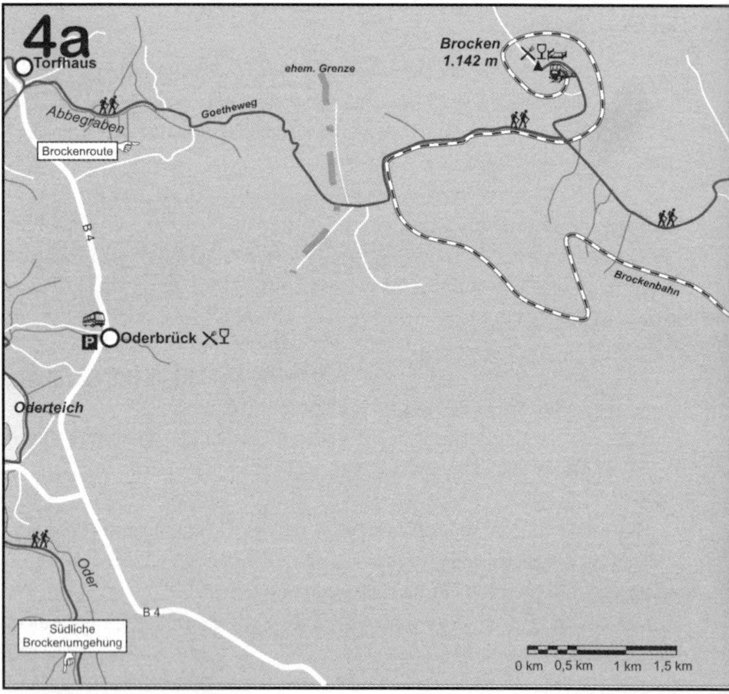

Goetheweg bekannt, folgt aber nicht genau der Route, die Goethe genommen hat. Das damalige Forsthaus, in dem Goethe übernachtet hat gibt's nicht mehr, es wurde durch Blitzschlag vernichtet.

Der Hexenstieg verlässt den Graben und steigt leicht an, mündet dann in einen Forstweg ein, an dem ein △ Toilettenhäuschen mit Plumpsklos steht.

Hier mündet der Kaiserweg von links ein und verläuft auf 300 m gemeinsam mit dem Hexenstieg. Dieser Weg wird bereits 1258 urkundlich erwähnt, auf ihm soll Kaiser Heinrich IV. vor den Sachsen geflohen sein.

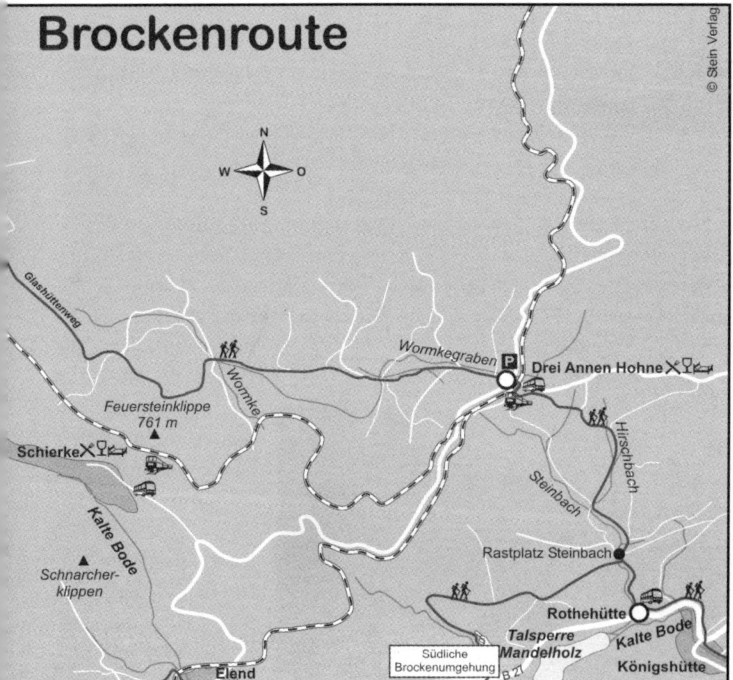

km 2,1 Halten Sie sich hier rechts und gehen auf dem Forstweg weiter. 300 m weiter biegen Sie nach links ab.

Der Hexenstieg steigt nun steil bergan; vor allem auf der linken Seite beginnt ein Gebiet, in dem der Borkenkäfer gewütet hat - kahle Baumstämme zeugen davon.

km 3,4 △ Schutzhütte und Schautafeln am 882 m hohen Quitschenberg informieren über den Borkenkäfer.

Der einstige Ebereschenbestand des Berges fiel dem Holzhunger der Bergwerke zum Opfer. Inzwischen sind die ersten selbst ausgesäten kleinen Ebereschen-Bäumchen (= Quitschen) und Fichten wieder zu sehen.

Der gut ausgebaute Weg verläuft jetzt eben und schlängelt sich in einen Wald hinein.

km 4,6 Auf einer großen Freifläche steht eine △ Schutzhütte mit diversen Tischen und Bänken.

Nur 200 m weiter stößt der Hexenstieg auf einen doppelspurigen Plattenweg, der Teil der Grenzkontrollanlagen der DDR war.

An dieser Stelle kreuzt ein mit einem Dreieck gekennzeichneter Weg. Wenn Sie rechts auf diesen Umweg von ca. 600 m abbiegen, kommen Sie nach 400 m zum Bodesprung, der Quelle der Bode (die im weiteren Verlauf des Hexenstiegs eine große Rolle spielt). In der Nähe steht der **Dreieckige Pfahl** (eine alte Grenzmarkierung), an dem die Gebiete der Welfen an die der Herren von Blankenburg und Wernigerode grenzten.

Die Brockenbahn

Der 400 m lange Plattenweg steigt sehr steil bergan und oben ist der Bahndamm der **Brockenbahn** zu erkennen.

Am Bahndamm zweigt der Hexenstieg links ab, führt an ihm entlang und verläuft 200 m später als Holzbohlenweg - teilweise mit Stufen - weiter.

km 7,3 Die Brockenstraße, auf der Sie nach links weitergehen, kreuzt den Schienenstrang. Nach 200 m liegt rechts eine △ Schutzhütte.

Gleich danach gelangen Sie zur sehr scharfen **Knochenbrecherkurve**, auf der die Brockenstraße nach rechts weitergeführt wird. Das Gipfelplateau des Brockens ist erreicht bei...

km 8,4

Brocken

Brockenbahn ⇧ ca. 1.140 m (gehört zu Schierke) 38879 039455

Nationalpark Hochharz, Lindenallee 35, 38855 Wernigerode, ☏ 03943/55020, FAX 03943/550237, poststelle@nationalpark-hochharz.de

♦ Nationalpark Harz, Oderhaus, 37444 Sankt Andreasberg, ☏ 05582/91890, FAX 05582/918919, poststelle@npharz.niedersachsen.de

Hotel und Brockenherberge auf dem Brockenplateau, ☏ 120, FAX 12100, brockenherberge@t-online.de, www.brockenherberge.de

Der Brocken ist mit 1.141 m Höhe der höchste Berg Norddeutschlands und mit etwa 2 Mio Besuchern im Jahr das beliebteste Ausflugsziel im Harz. Das gesamte Gebiet um den Brocken herum ist inzwischen zu Nationalparks erklärt worden, die die bedrohte Natur schützen sollen.

In den vergangenen Jahrhunderten entwickelte sich der Brockentourismus. Brockenwanderer waren u.a. *Johann Wolfgang von Goethe, Heinrich Heine* (1824 auf dem Weg zu Goethe in Weimar), der dänische Dichter *Hans Christian Andersen, Otto von Guericke* (u.a. der Erfinder der Luftpumpe), *Otto von Bismarck* (der auf dem Brocken seine Frau Johanna von Puttkamer kennen lernte) und viele andere mehr.

Eine bescheidene touristische Infrastruktur entwickelte sich langsam: 1736 entstand das erste Haus auf dem Gipfel, genannt "Wolkenhäuschen". Es folgte ein einfaches Gasthaus, das im Wesentlichen als Unterkunft für die Torfstecher diente, die in den umliegenden Hochmooren arbeiteten, das aber auch Wanderer aufnahm. Um 1800 wurde der erste Aussichtsturm hinzugefügt. 1899 erreichte der erste Zug der Brockenbahn den Gipfel. 1936 wurde ein 52 m hoher Turm gebaut - der damit zum ersten Fernsehturm der Welt wurde.

Im Zweiten Weltkrieg wurden alle Gebäude mit Ausnahme des Turms zerstört. Zunächst besetzten die Amerikaner, die im April 1947 von den Russen abgelöst wurden, den Berg. Der Brocken wurde weiträumig militärisches Sperrgebiet, auf dem die Sowjetarmee und die Stasi eine riesige Spionageanlage errichteten, die weit in das bundesdeutsche Gebiet hineinhorchte.

Am 3. Dezember 1989 demonstrierten etwa zweitausend mutige Wanderer für die Öffnung des festungsartig ausgebauten Gipfelplateaus. Seitdem ist der Brocken wieder frei zugänglich, die militärischen Anlagen wurden inzwischen komplett abgerissen und kaum etwas erinnert an die Zeit des Kalten Krieges.

Ein Rundwanderweg um den Gipfel wurde an Stelle der ehemaligen Mauer eingerichtet. Das damalige Stasi-Gebäude, scherzhaft die "Moschee" genannt, wurde zum "Brockenhaus" mit Museum, Schau- und Vortragsräumen und der Fernsehturm zum Hotel mit Cafe und Aussichtsplattform umgebaut. Dort, wo einst die Kasernen der Sowjetarmee standen, befindet sich heute der beeindruckend angelegte höchste Punkt des Brockens.

Wenn Sie Zeit haben und das Wetter es zulässt, sollten Sie sich den Brockengarten im Rahmen einer Führung nicht entgehen lassen. Er wurde ursprünglich 1890 angelegt, verwahrloste aber während der militärischen Besatzungszeit ziemlich. Hier sind etwa 1.400 Pflanzenarten, darunter so seltene wie die Brockenanemone und das Brockenhabichtskraut, zu sehen.

Auf dem Gipfel des Brockens herrscht ein raues alpines Klima - vergleichbar etwa mit dem in Island. Oft weht ein kalter und nasser Wind mit Geschwindigkeiten bis zu 300 km pro Stunde. Wenig verwunderlich ist es daher, dass sich die Baumgrenze unterhalb des Gipfels befindet.

Statistisch gibt es rund 300 Nebeltage im Jahr, aber auch 6 Tage mit sehr guter Fernsicht mit mehr als 100 km. Dann sehen Sie z.B. den Inselsberg im Thüringer Wald, die Wasserkuppe in der Rhön sowie Magdeburg, die Landeshauptstadt von Sachsenanhalt. Häufig wechselt das Wetter innerhalb kurzer Zeit, denn die meiste Zeit ist der Brockengipfel von Nebel- und Wolkenschichten umgeben. Wenn sich zur Zeit des Sonnenuntergangs im Osten eine dicke Nebelwand befindet, können Sie darin vielleicht das "Brockengespenst" sehen (d.h. Schatten von Häusern und Menschen in der untergehenden Sonne).

Falls Sie bei Ihrem Brockenbesuch schlechtes Wetter haben sollten, trösten Sie sich damit, dass es auch vielen berühmten Persönlichkeiten ähnlich ergangen ist. So ist z.B. von Heinrich Heine überliefert, dass er den Brocken nur in Nebel gehüllt erlebte und auch die Übernachtung in der Brockenherberge in schlechter Erinnerung gehabt haben muss, denn zur Abreise hat er diesen Spruch ins Gästebuch des Hauses geschrieben:

"Große Steine,
müde Beine,
saure Weine,
Aussicht keine.
Heinrich Heine"

Ob sich die Eintragung von Goethe ins Brockenbuch auch auf Heine bezog, ist nicht bekannt. Jedenfalls äußerte er deutlich (wenn auch etwas holprig) sein Missfallen über die literarischen "Ergüsse" der anderen Brockenbesucher:

"Was les' ich hier - Gott steh mir bei!
Verfluchen möchte' ich alle Tinten,
Empfind ich der Empfindung Finten
In ekler Federklexerei.
Harzriese! Lass dein Brockenbuch
Dir nicht vom Stumpfsinn ganz verklexen!
Und muss du dulden matten Lug
Verhunzter Seelen, dann ihr Hexen,
Nehmt zu Walpurgis eure Besen
Und fegt, als wär es nie gewesen,
Den Wischwasch aus dem Brockenbuch!"

In den Jahren der deutschen Teilung war das Brockengebiet für jeglichen Besucherverkehr gesperrt, da es nahe der innerdeutschen Grenze in der DDR lag. Nur der Brockengipfel selbst wurde genutzt, vorwiegend für militärische Zwecke (Abhörstation). Nach dem Fall der Mauer offenbarte sich den Besuchern eine einzigartige, ursprüngliche Naturlandschaft. Schon sehr bald entstand die Idee, diesen Naturraum unter speziellen Schutz zu stellen, und noch vor der deutschen Wiedervereinigung wurde mit der Vorbereitung zur Schaffung eines Nationalparks begonnen.

Anfang der Neunziger Jahre wurde diese Idee dann (trotz vieler Widerstände) in die Tat umgesetzt und der **Nationalpark Hochharz** geschaffen. Dieser schließt sich unmittelbar an den auf niedersächsischer Seite befindlichen **Nationalpark Harz** an, sodass beide Parks zusammen für die Protektion des Brockengebiets verantwortlich sind. Derzeit laufen Vorbereitungen zur Zusammenlegung beider Nationalparks zum 1.1.2006.

Der besondere Schutz ist auch notwendig, denn der Pflanzenwuchs ist durch das alpine Klima stark verlangsamt, auf dem Brockengipfel selbst gibt es durch das raue Klima bedingt überhaupt keine Bäume mehr. Dafür kann man im Brockengarten eine einzigartige Pflanzenwelt bewundern, welche es sonst nirgendwo zu sehen gibt.

Dass Sie als Besucher der Nationalparks die ausgeschilderten Wege nicht verlassen und keine Abfälle liegen lassen dürfen, sollte eigentlich selbstverständlich sein und ist hier auch nur der Vollständigkeit halber erwähnt.

Der Hexenstieg führt vom Brocken wieder auf demselben Weg über die Brockenstraße hinab: Asphalttreten ist nun leider vorerst angesagt.

km 9,5 Die Brockenbahn wird wieder gekreuzt.

km 11,1 Infotafel, die über Borkenkäfer aufklärt. Daneben stehen zwei Bänke und eine △ Schutzhütte mit WC.

Nach einer scharfen Rechtskurve der Straße bei...

km 12,1 sind Sie an der Wegabzweigung **Brockenbett** angelangt. Hier befindet sich eine △ Schutzhütte mit WC und der Hexenstieg zweigt auf den unbefestigten Glashüttenweg links ab.

km 13,5 Bei den **Kapellenklippen** wird ein Gebiet durchquert, das mit Findlingen übersät ist.

km 14,5 Am **Ahrensklint**, einem einzelnen Granitfelsen der Verwitterung und Abtragung widerstanden hat, zweigt ein Weg zum Bahnhof **Schierke** (in 2 km Entfernung) ab. Die Klippe kann mittels einer Eisenleiter erklommen werden, schöne Aussicht von oben.

100 m weiter steht eine Bank mit Abfallkorb.

An einer Wegekreuzung folgen Sie nicht dem nach links abschwenkenden Hauptweg, sondern gehen geradeaus in einen Waldweg hinein.

km 15,5 Der Hexenstieg erreicht eine △ Schutzhütte mit Tisch und zwei Bänken davor und kreuzt einen Forstweg.

Hier biegt ein weiterer Weg zum Bahnhof Schierke (1 km entfernt) ab, der an den **Feuersteinklippen** (☞ Schierke) vorbeiführt.

km 16,2 Der lang gestreckte Ort Schierke ist erreicht und damit das Ende der 3. Etappe.

Schierke

Brockenbahn ⇧ 580 - 640 m 850 Ew. 1.000 38879 039455

Kurverwaltung Schierke, Brockenstraße 10, ☎ 310, FAX 403, info@schierke-am-brocken.de, www.schierke-am-brocken.de

Taxi Schierke, ☎ 0170/9000937

Hotel Bodeblick, Barenberg 1, ☎ 359, FAX 51039, info@hotel-bodeblick.de

♦ Pension Gaststätte Zum Brockenstübchen, Brockenstr. 39, ☎ 252, FAX 51098, brockenstuebchen@t-online.de, www.brockenstuebchen.de

♦ Pension Cafe Fiedler, Brockenstr. 27a, ☎ 51529, FAX 51532, Pension-Fiedler-Schierke@t-online.de www.harz-pension-fiedler.de

♦ Hotel Brockenscheideck, Brockenstraße 49, ☎ 268, FAX 51036, hotel.brockenscheideck@t-online.de www.harz-hotel-brockenscheideck.de

♦ Hotel König, Kirchberg 15, ☎ 383, FAX 51057, webmaster@harz-hotel-koenig.de, www.harz-hotel-koenig.de

♦ Hotel Waldschlößchen, Herm.-Löns-Weg 1, ☎ 8670, FAX 86777, www.wald schloesschen-schierke.de, hotel@waldschloesschen-schierke.de

Pension Haus Barenberg, Barenberg 7, ☎ 217, FAX 58890, Haus-Barenberg@t-online.de

♦ Pension Schmidt, Brockenstraße 13, ☎ 81027, FAX 81028, pension-schmidt@pension-schmidt.de

Der am Fuße des Brockens gelegene kleine Ort Schierke ist ein beliebter Erholungsort und eines der Zentren des Wintersports. Er liegt im engen Tal des Flüsschens Kalte Bode und ist von dichten Wäldern umgeben. Die Brockenbahn hält hier zum letzten Mal vor dem Gipfelbahnhof. Seine Brockennähe macht Schierke zu einem wichtigen Ausgangspunkt für Brockentouristen, während Anreisende mit dem Auto ihre Fahrzeuge bereits auf dem großen P Parkplatz in Drei Annen Hohne abstellen müssen (Bahnhof und Nationalpark-Infozentrum).

In der Nacht zum 1. Mai kommen in Schierke alljährlich Tausende zur **Walpurgisnacht** zusammen, denn auf dem Brocken selbst dürfen aus Naturschutzgründen keine Großveranstaltungen stattfinden.

Die **Feuersteinklippen** sind auffällige Felsen im Wald 100 m nördlich des Schierker Bahnhofs - ein durchaus lohnender kleiner Umweg vom Hexenstieg aus. Die Klippen bestehen aus Granit und nicht, wie man annehmen könnte, aus Feuer- oder Flintstein. Der Name stammt von der so genannten Feuersteinwiese, auf der zu germanischer Zeit Feuer für Kultfeiern abgebrannt wurden.

Die Felsformation in 760 m Höhe weist die für den Harzer Granit typische **Wollsackverwitterung** auf. Sogar Johann Wolfgang von Goethe kam 1784 vorbei, um das Phänomen zu bestaunen und geologische Forschungen zu betreiben.

Von der Oberfläche des Granits (seine körnige Struktur besteht aus Feldspat, Quarz und Glimmer) dringt die Verwitterung in feine Spalten ein und sprengt den Stein. Granittürme, Blockfelder oder pralle sackförmige Gebilde entstehen. Außerdem können sich beim schalenförmigen Abplatzen kugelförmige Granite bilden. Bei weiterer Verwitterung zerfällt das Material zu sandförmigen Granitgrus, der bis zu 9% Wasser speichern kann.

Eine weit bekannte Spirituosenspezialität wurde in den 20er Jahren des 20. Jahrhunderts von dem Apotheker Willy Drube zum Patent angemeldet und nach einem Geheimrezept fabriziert. Der **Schierker Feuerstein** ist ein 35%iger Magen-Halbbitter, benannt nach dem markanten Granitfelsen in Schierke, und wird aus verschiedenen einheimischen und exotischen Kräutern hergestellt.

Fünf Jahre nach Ende des Zweiten Weltkriegs siedelten die Patentinhaber nach Bad Lauterberg über, um einer Enteignung durch die Kommunisten zuvorzukommen - sodass sowohl in Ost als auch in West "Schierker Feuerstein" erhältlich war. Nach der Wiedervereinigung wurden beide Firmen unter einem Dach zusammengeführt.

Die **Schnarcherklippen** sind ein bedeutendes Naturdenkmal südlich von Schierke in 670 m Höhe. Die beiden etwa 20 m voneinander entfernt stehenden und etwa 25 m hohen Felsentürme gehören zum Brockengranitstock. Der eine Felsen ist nur durch Bergsteiger zu bezwingen, auf den anderen führen steile Eisenleitern hinauf. Von oben haben Sie eine herrliche Aussicht auf die Umgebung von Schierke und weiter entfernt auf den Brocken. An diesen Klippen ist auch sehr deutlich die für die Feuersteinklippen typische Granitverwitterung, die

"Wollsackverwitterung", zu erkennen. Diese Art der Verwitterung machte aus den einst scharfkantigen und quaderförmigen Granitbrocken eine abgerundete Form ähnlich eines Ellipsoids.

Bei Wind aus Südosten lösen die Klippen eigenartige Laute aus, die den Namen erklären. Durch eine Anreicherung der Felsen mit Magnetit (einem Eisenerz) wird als Besonderheit außerdem die Ablenkung der Kompassnadel bewirkt, ausgelöst durch Blitzschlag und dadurch entsteht eine Magnetisierung.

Auch Goethe (wo war er eigentlich nicht?) besuchte auf seiner dritten Harzreise im September 1784 die Schnarcherklippen, die durch ihn im "Faust" Einzug in die Weltliteratur fanden:

"Seh' die Bäume hinter Bäumen,
wie sie schnell vorüberrücken,
und die Klippen, die sich bücken,
und die langen Felsennasen,
wie sie schnarchen, wie sie blasen!"

Hinweis: Der Besuch dieser Felsen ist ein etwas größerer Umweg von etwa 2,5 km (vom Bahnhof Schierke aus), bietet aber die Möglichkeit, weiter nach Elend hinunterzuwandern und von dort auf der weiter hinten im Buch beschriebenen Brockenumgehung weiterzulaufen.

Etappe 4: Schierke - Rübeland

km 0 Ab dem Schierker Bahnhof vorbei stoßen Sie bei...

km 0,6 wieder auf den Hexenstieg und 400 m weiter kreuzt die muntere Wormke den Weg - ideal zum Füße kühlen. Hier zweigt auch der **Wormkegraben** ab, der den Hexenstieg ein Stück begleitet. Bei...

km 2,3 beschreibt der Forstweg eine leichte Linkskurve und rechts führt der von Baumwurzeln überzogene Hexenstieg in den Wald hinein. Der schlecht erkennbare Pfad führt über Stock und Stein und trifft bei...

km 2,7 schließlich auf einen Forstweg, dem Sie nach rechts bergab folgen.

Drei Annen Hohne

Brockenbahn Harzquerbahn ⇧ 540 m 207 38875 039455

Nationalparkbüro Hohnehaus, ☏ 6840, täglich 8:30 bis 16:30

Waldgasthaus & Hotel Drei Annen, ☏ 5700, FAX 57099, hotel@drei-annen.de, www.drei-annen.de (1,5 km vom Bahnhof)

♦ Hotel Der Kräuterhof, ☏ 840, FAX 84199, www.hotel-kraeuterhof.de (direkt am Bahnhof), rezeption@hotel-kraeuterhof.de

1770 wurde an der Stelle des heutigen Hotels Drei Annen ein Kupfer- und Silberbergwerk betrieben. Der damals regierende Graf Christian Friedrich zu Stolberg-Wernigerode gab seine Genehmigung zum Abbau allerdings nur unter der Bedingung, dass ein ihm genehmer Name für die Grube gefunden wurde. Gerade war dem Grafen eine Tochter geboren worden, und auch seine einzige Schwester erfreute sich weiblichen Nachwuchses. Beide Kinder wurden nach der gemeinsamen Großmutter "Anna" genannt, sodass die "Drei Annen" jetzt komplett waren. Der Zusatz "Hohne" stammt vom nahe gelegenen Forsthaus gleichen Namens.

km 4,8 Vor dem Bahnhof von Drei Annen Hohne teilen sich die Schmalspurbahnen von Wernigerode kommend in die Brockenbahn und in die Harzquerbahn nach Nordhausen.
Hier gibt's wieder Kukkis Erbsensuppe aus der Gulaschkanone und die Bahnhofsgaststätte bietet auch Mahlzeiten und Getränke an.
Das Nationalparkbüro Hohnehaus auf dem großen Parkplatz bietet eine kleine Ausstellung zu Flora und Fauna sowie Informationen.
Von hier aus gehen Sie auf den rechten Rand des P Parkplatzes zu und folgen ihm, bis Sie auf einen Forstweg stoßen, der im Bogen in das **Hirschbachtal** führt. Überqueren Sie den Hirschbach ungefähr an der Stelle, an der er in den Steinbach mündet.

km 7,7 Am Rastplatz **Steinbachtal** vereinigt sich der Dammastbach mit dem Steinbach und seichte Furten führen hinüber. Eine △ Schutzhütte und Bänke und Tische laden zum Verweilen ein.

Hinweis: Hier stößt die südliche Brockenumgehung des Hexenstiegs von Torfhaus wieder auf den Hauptweg. Diesen Weg beschreibe ich im letzten Kapitel.

Der Weg führt nach rechts weiter in Richtung Königshütte in den Ortsteil **Rothehütte**.

km 8,3 Sie stoßen nun auf die B 27, der Sie nach links folgen.

km 8,7 Am **Königshütter Wasserfall** befinden sich zwei △ Schutzhüttchen und mehrere Tische und Bänke.

Folgen Sie nun der Kalten Bode linksseitig durch Rothehütte, überqueren die B 27 nach Elbingerode und gehen weiter am Fluss Bode entlang durch Königshütte, bis Sie die ✕🍸 Gaststätte "Unter dem Felsen" unterhalb des Klingenbergs passieren. Auf der anderen Fluss-/Straßenseite sind gusseiserne Säulen der ehemaligen Eisenhütte, die längst abgewickelt wurde, zu sehen.

Im Ortsteil **Königshof** wechseln Sie auf die andere Flussseite und gehen an der Landstraße 300 m nach links weiter.

km 10,4 An einem **P** Parkplatz befinden sich zwei ⩪ Tisch-/Bankkombinationen und auf einer Brücke über die Warme Bode führt der Hexenstieg wieder an das andere Ufer.

Direkt hinter Brücke teilt sich der Hexenstieg in die schöne Nordroute (die ich beschreibe) und die Südroute über Hasselfelde.

Nach 300 m weist ein Schild auf den Zusammenfluss der von Süden kommenden Warmen Bode (die oberhalb Braunlages im Roten Bruch entspringt und 23 km durch die Orte Sorge und Tanne fließt) mit der nördlichen Kalten Bode hin (diese entspringt im Brockengebiet, durchfließt Schierke sowie das Elendstal und durchquert die Talsperre Mandelholz auf 17 km Länge).

Der Hexenstieg verlässt den Wald und führt in ein offenes Gelände. Links fließt die Bode weiter und bald ist der Stausee namens **Überleitungssperre** erreicht. Der Weg führt wieder in einen Wald hinein und verläuft oberhalb des Seeufers.

km 12,7 An einem kleinen **P** Parkplatz für Angler befindet sich eine △ Schutzhütte. Direkt unterhalb weist ein Schild auf die einstige Bedeutung der inzwischen überfluteten Trogfurther Brücke hin.

km 13,1 Die Talsperre ist erreicht und Sie gehen weiter geradeaus.

km 13,8 Ein Schild weist auf die **Burgruine Susenburg** hin, die bereits 1265 erwähnt wird und dem Schutz einer seit 913 stark frequentierten Handelsstraße diente. Leider ist heute kaum noch etwas davon zu sehen.

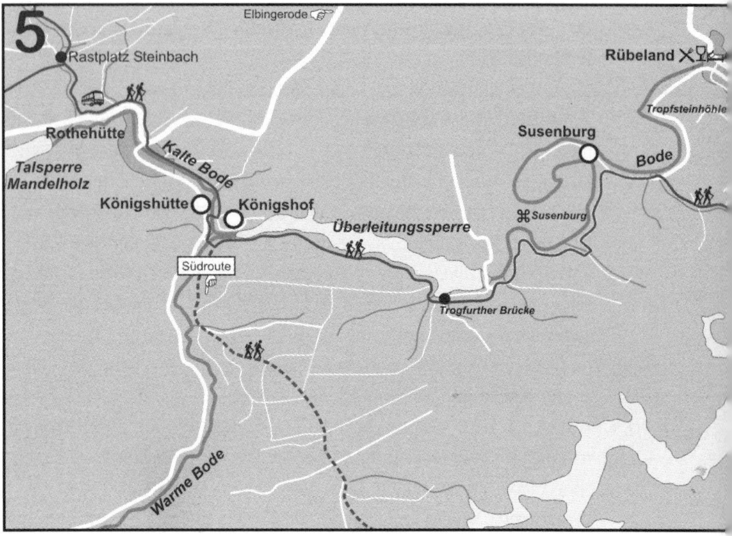

km 14,7 Der Hexenstieg biegt an einer Felswand vorbei in den Wald ab. Kurz darauf tritt er wieder aus dem Wald heraus. Unten hört man die Bode rauschen und gegenüber sieht man den Hang einer riesigen Bergwerksabraumhalde emporragen. Von einer freien Stelle aus sind die roten Dächer der Ortschaft **Susenburg** zu sehen.

km 15,2 Bank mit Tisch und Ausblick über die Bode ins Tal.

km 15,7 Der Hohlweg führt durch Schieferfelsen. Es folgt ein weiterer Felsen, und von unten nähert sich die Straße von Susenburg an den Hexenstieg an. Nach 400 m mündet der Weg in die Straße. Eine Ampel regelt hier wegen eines Erdrutsches den Verkehr. Nach 100 m wird der Tiefenbach überquert und der Hexenstieg folgt ihm bergauf in den Taleinschnitt.

km 17,2 Ein Bach kreuzt den Weg. Biegen Sie links ab und gehen Sie in den Wald hinein. Bei...

km 17,7 kreuzt ein Forstweg und links ist 20 m entfernt die **Pastorquelle** zu sehen. Sie gehen geradeaus bergan und passieren eine weitere Abraumhalde.

km 18,4 Grandioser Blick über die vom Bergbau zerklüftete und verunstaltete Landschaft bis hin zum Brocken. Schwenken Sie bei...

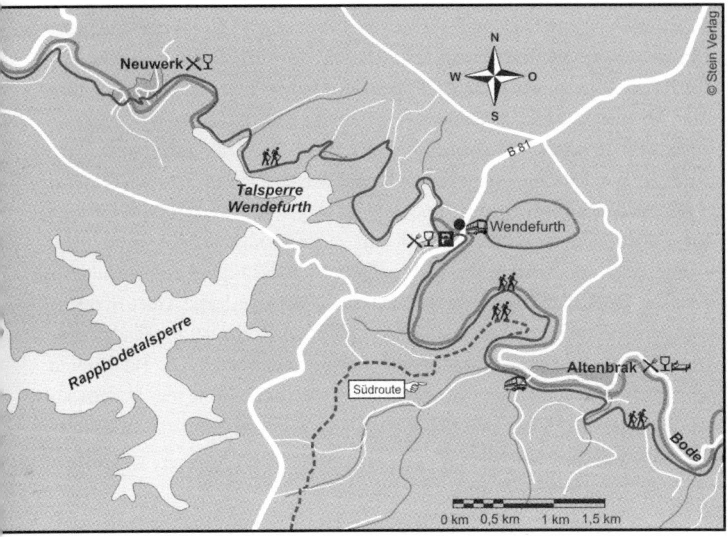

km 18,6 auf einen Forstweg nach links.

km 19,0 Kirche mit Friedhof. Der Hexenstieg kreuzt einen Forstweg, führt weiter bergab am Friedhofszaun entlang und biegt an einer Datsche rechts ab. An einer Dreieckskreuzung ist "Brockenblick 100 m" ausgeschildert, hier gehen Sie rechts weiter. An einem Zaun entlang geht es talwärts nach Rübeland mit seinen beiden bekannten Tropfsteinhöhlen. Die 4. Etappe ist beendet.

Rübeland

DB ca. 450 m ca. 2.000 Ew. 720 38889 039454

Touristinformation, 49132, FAX 53475, www.ruebeland.com

Hotel Bodetal, Blankenburger Str. 39, 40170, FAX 40173, info@ruebeland.com

♦ Pension Harzbaude Susanne, Hasselfelder Str. 5, 43505, Handy 0175/8636098, Harzbaude@aol.com

♦ Eis-Café Nr. 1 & Pension, Blankenburger Str. 27, 49252, FAX 489020, info@numero-1.de, www.numero-1.de

Der ehemalige Bergbauort Rübeland wird erstmalig 1320 erwähnt und liegt im Tal der Bode. Die Bezeichnung hat nichts mit der Rübenfrucht zu tun, sie leitet sich vielmehr von dem früheren Namen Roveland (= raues Land) ab. Seit dem späten Mittelalter wurde im Gebiet um Rübeland Eisenerz abgebaut.

Die karstige Landschaft aus dem Kalk des Mittel- und Oberdevon wurde Ende des 19. Jahrhunderts interessant und der Abbau konnte lohnend erst nach dem Bau der **Rübelandbahn** (Blankenburg - Rübeland - Elbingerode - Königshütte; 1998 im Wesentlichen stillgelegt, heute nur noch zwei Zugpaare täglich) betrieben werden.

Unterirdisch sind zwei große Sehenswürdigkeiten des Harzes zu besichtigen - die beiden **Tropfsteinhöhlen** Hermannshöhle und Baumannshöhle. Über Hunderttausende von Jahren haben sich in diesen Höhlen durch ständig tropfendes kalkhaltiges Wasser zahlreiche und sehr große Tropfsteine gebildet. Die Höhlen sind auch Heimat für interessante und seltene Tiere wie Grottenolme und Fledermäuse. In der Baumannshöhle fand man sogar Knochen des Höhlenbärs sowie einige Werkzeuge von Steinzeitmenschen.

▷ Stalaktit: von der Decke nach unten wachsender Tropfstein.

▷ Stalagmit: vom Boden nach oben wachsender Tropfstein

▷ Stalagnat: vom Boden bis zur Decke gewachsene Säule, also ein zusammengewachsener Stalaktit und Stalagmit.

⌘ Die später nach ihm benannte Baumannshöhle wurde auf der Suche nach Erz durch den Bergmann Friedrich Baumann 1536 entdeckt und lockt seitdem viele Besucher an - Goethe war sogar dreimal hier! Der größte Raum ist etwa 60 m mal 40 m groß und heißt Goethesaal. Hier gibt es auch einen kleinen Höhlensee und eine Naturbühne, die regelmäßig genutzt wird. In weiteren Jahren wurden noch andere Tropfsteinhöhlen gefunden, die noch mehr Touristen neugierig machten.

⌘ Die **Hermannshöhle** wurde erst 1866 entdeckt und ist auch zu besichtigen. Sie ist wesentlich größer als die Baumannshöhle und wird sogar von einem Höhlenbach durchquert, der stromab in die Bode fließt und so einen Seitenarm bildet. Der Bach arbeitet weiter an der Bildung neuer Hohlräume. Früher lag das Flussbett etwa 40 m höher, deshalb sind die obersten Kavernen auch älteren Datums. In einem künstlich angelegten See leben Grottenolme (Proteus anginus, ein 20 bis 30 cm großer im Wasser lebender Salamander mit rückgebildeten

Augen und ohne Hautpigmentierung); die Kristallkammer sowie die "Achttausendjährige Säule" sind die Besonderheiten dieser Höhle.

Einige andere Höhlen wie die Bielshöhle und die Schmiedeknechthöhle sind nicht für die Öffentlichkeit freigegeben.

⌘ In der **Bielshöhle** haben die damaligen Besitzer die vorhandenen Tropfsteine in den Jahren um 1800 (zusätzlich zum Eintrittsgeld) nach und nach abgesägt, um sie als Souvenir zu verkaufen. Nur wegen des Profits zerstörten sie unersetzliche Naturschätze, die in Jahrtausenden entstanden waren, ohne dass die Behörden eingriffen. Als es nichts mehr zu besichtigen gab, wurde der Höhleneingang zugemauert.

⌘ Die **Schmiedeknechthöhle** wurde erst um 1950 durch Zufall entdeckt. Die Besonderheit hier ist der größte bekannte Stalagmit des Harzes mit einem Umfang von etwa 3 m und einer Höhe von 3,25 m.

Etappe 5: Rübeland - Treseburg

km 0 Folgen Sie der Bode auf der rechten Seite, bis Sie bei...

km 1,5 an einem großen **P** Parkplatz der Straße nach Neuwerk folgen. Nach 200 m auf dieser Straße biegen Sie rechts auf einen Weg ein, der oberhalb und parallel zur Straße durch Mischwald verläuft.

Am Ortsschild **Neuwerk** führt der Waldweg wieder auf die Straße zurück. Neuwerk findet erstmals im 15. Jahrhundert wegen seiner von Mönchen betriebenen Marmormühle Erwähnung. Die gute Qualität des Marmors führte zu dessen Verwendung in vielen Prunkbauten der preußischen Könige. Heute ist Neuwerk ein Ortsteil von Rübeland und ein im ursprünglichen Charakter erhaltener Bergarbeiter- und Hüttenort, der seinesgleichen im Harz sucht.

km 2,4 Auf der linken Seite taucht eine Straßenbrücke über die Bode auf, die Sie überqueren. Von der Brücke haben Sie einen schönen Blick auf die alte aus Holz erbaute Schule von **Neuwerk**.

Eine schöne Straßenansicht in Neuwerk

Folgen Sie dem Straßenbogen und biegen dann an einem Fachwerkwohnhaus rechts ab. Die nun folgende Gasse mit überwiegend hübschen Fachwerkhäusern fällt besonders durch ihren Blumenschmuck auf. Gehen Sie immer weiter geradeaus und dann an dem Haus mit der Nummer 14a an der Mauer aus Naturstein vorbei.

Der Hexenstieg verkommt hier zu einem Trampelpfad und führt über Wiesenhänge oberhalb der Bode entlang. Vorsicht - nach Regen kann der Weg auf diesem Teilstück extrem rutschig sein. Jetzt führt der Hexenstieg in einen Wald und verläuft direkt neben der Bode.

km 2,8 Ein Schild weist auf einen Abbau von Diabas (einem grobkörnigen basaltischen Gestein, auch Dolerit genannt) hin, das im Straßenbau Verwendung fand.

km 3,3 Ein Schild deutet auf die Schiefertaler Sägemühle hin, die aber bereits 1818 abgerissen wurde. Leider ist bei dem heftigen Unkrautbewuchs kaum noch etwas zu erkennen.

An der Furt eines Zuflussbaches weist bei...

km 3,7 ein Schild auf Schieferabbau hin. Die nächsten 400 m steigt der Hexenstieg ständig an und rechts unten ist die Wasserfläche der **Talsperre Wendefurth** zu sehen.

1968 wurde an der Bode das **Pumpspeicher-Kraftwerk Wendefurth** errichtet. Ein künstliches Oberbecken (mit fast 2 Mio Kubikmeter Fassungsvermögen, ohne natürlichen Zufluss) wird als Speicherbecken benutzt, während die Talsperre Wendefurth als Unterbecken dient. In Schwachlastzeiten wird Elektrizität aus dem Netz gezogen und Wasser aus dem unteren Speicherbecken in das obere gepumpt. Wenn kurzfristig Energie benötigt wird, wird Wasser von oben auf die Turbinen abgelassen, die Strom erzeugen. Die Talsperre mit einer 230 m langen und 43 m hohen Staumauer schließt sich an die höher gelegene Rappbodetalsperre an.

♦ Führungen durch das Innere der Staumauer Wendefurth sind mittwochs 14:00, samstags und sonntags 10:30 möglich.

Die **Rappbodetalsperre** ist das Kernstück des Talsperrensystems Bodewerk. Der weitverzweigte gut 8 km lange Stausee kann über 100 Mio Kubikmeter Wasser aufnehmen. Die 106 m hohe Staumauer ist an der Sohle 80 m breit, hat eine Kronenlänge von 415 m und dient gleichzeitig als Straßenbrücke.

♦ Talsperrenbetrieb des Landes Sachsen-Anhalt, Timmenröder Straße 1a, 38889 Blankenburg, ☏ 03944/9420, FAX 03944/942200, talsperre.Blankenburg@t-online.de und info@talsperren-lsa.de

km 5,1 Der Hexenstieg führt in spitzem Winkel rechts bergab, bis ein Bach überquert wird und es links wieder bergauf geht. Die nun folgenden ansteigenden 500 m erweisen sich nach Regenfällen als sehr matschig und von schweren Forstfahrzeugen extrem ausgefahren.
Oben angekommen finden Sie eine △ Schutzhütte. Der Weg knickt hier nach rechts ab und folgt zunächst den Strommasten, um dann etwas nach rechts abzubiegen und in den Wald zu führen.
Leicht geschwungen führt der Weg nun oberhalb des Stausees entlang und von hier haben Sie bei...

km 7,5 auch einen interessanten Blick auf die gegenüberliegende Pumpstation der Talsperre, die Wasser in ein Speicherbecken oberhalb pumpt. Bevor Sie in den Wald hineingehen, haben Sie einen weite Aussicht auf die Staumauer der Talsperre.

km 8,5 Eine Lichtung mit einem Hochsitz wird überquert. 400 m weiter biegt der Hexenstieg nach rechts ab. (Schild "Wendefurth 4 km"). Ein Bach wird bei...

km 9,2 überquert und der Hexenstieg wendet sich nach rechts. Mehrere Trockenlegungsversuche in den vergangenen Jahren sind offensichtlich gescheitert und Sie müssen versuchen, trockenen Fußes hinüberzugelangen.
Gleich danach biegt ein Trampelpfad nach rechts ab, der entlang des Baches steil bergab führt.

km 9,6 Ein breiterer Forstweg mit einer △ Schutzhütte und drei Turnrecks ist erreicht. Der Wald lichtet sich und Sie können von unten den Stausee durch die Bäume schimmern sehen.

Die Staumauer Wendefurth

km 10,0 Ausblick auf die Staumauer. Nur 100 m weiter führt in spitzem Winkel ein Weg hinunter zur Staumauer, auf deren anderen Seite eine Fischgaststätte sowie das Hotel/Restaurant "Zum Stausee" liegen.

Hotel/Restaurant Zum Stausee, 38889 Altenbrak (OT Wendefurth), ☏ und FAX 039456/41014-15

♦ Fischgaststätte Zum Fischer, ☏ 039456/906, FAX 039456/945, harzer.fischzucht@t-online.de (auch Ferienzimmer)

Gehen Sie hier die gepflasterte Straße bergab. Unten treffen Sie bei...

km 10,9 auf die B 81 mit der Straßenbrücke über die Bode, an derem Ende die Gaststätte "Zur Bode" liegt.

Gaststätte Zur Bode, Blankenburger Str. 1 (an der B 81), ☏ 039456/915

Kreuzen Sie die Straße und gehen auf dem befestigten Weg, der später asphaltiert ist, oberhalb der Bode weiter.

km 13,4 △ Schutzhütte

km 15,1 Fischzuchtteiche, bei denen ein Schild auf "Forelle vom Grill" hinweist. Eine Asphaltstraße beginnt; hier stößt auch die Südvariante des Hexenstiegs wieder auf den Hauptweg.

km 15,8 P Parkplatz an der Straßenbrücke über die Bode in...

Altenbrak

🚌 ⇧ ca. 300 m ca. 400 Ew. 🛏 400 ✆ 039456 ✉ 38889

ℹ Touristinformation, Sankt Ritter 32A, 38889 Altenbrak, ☎ 205, FAX 50550, ✉ info@altenbrak.de, ✉ altenbrak@bodetal.de, Zimmervermittlung in div. Pensionen oder Privat

🛏✕🍷 Hotel Weißes Ross, Sankt Ritter 19, ☎ und FAX 330, ✉ weissesross.altenbrak@t-online.de, 💻 www.zugast.de/hotel-weisses-ross

♦ Pension Zum Harzer Jodlermeister, Sankt Ritter 26a, ☎ 5680, FAX 56850,

🛏 Pension Harz Residenz, Rolandseck 66, ☎ 264, FAX 41008

♦ Pension Wilde, Rolandseck 3, ☎ 369, FAX 56710, ✉ wilde-altenbrak@t-online.de

♦ Pension Haus Rodenstein, Unterdorf 6, ✉ zumharzerjodlermeister@t-online.de

♦ Haus Bergeshöh, Hohlweg 3, ☎ 56690, FAX 566950

♦ Haus Bergfried, Rolandseck 8, ☎ 246 (Privatzimmer)

🛏☕ Café Pension Fontane, Forstweg 3, ☎ und FAX 336

Der Ort entstand vermutlich während der Blütezeit des Bergbaus vom 12. bis ins 15. Jahrhundert. Der Name nimmt wahrscheinlich Bezug auf Olde Brak (= Alte Brache, unbebaute Fläche), denn die Hütte brannte ab und hinterließ ein Kahlfläche.

Die historische Heilquelle diente der Herzogin Christina Luise, Großmutter der Kaiserin Maria Theresia und des Zaren Peter II., um 1700 schon als Gesundbrunnen. Sogar der Dichter Theodor Fontane besuchte 1884 Altenbrak und verarbeitete seine Eindrücke in seinem Roman "Cecilie", dessen Hauptakteure am Anfang des Buches in Thale Urlaub machen.

km 16,3 Hier sind Reste der Kupfergrube Karl Kaiser zu sehen, die schon im Dreißigjährigen Krieg zum Erliegen kam. Wenn Sie zurückblicken, können Sie die Holzkirche von Altenbrak über dem Ort thronen sehen.

km 16,6 Am Ende eines kleinen Freizeitparks biegt eine Asphaltstraße nach rechts ab und nach 300 m zweigt der Hexenstieg nach links durch zwei "Durchfahrt verboten"-Schilder hindurch ab. Er durchquert dann eine kleine Feriensiedlung mit der ✕🍷 Gaststätte "Jägerbaude" und kreuzt bei...

km 17,6 eine Asphaltstraße. Nach 30 m schwenkt der Weg an einem Holzlagerplatz nach links ab auf einen Zaun zu, der einen Lagerplatz umgibt. Der Hexenstieg fällt jetzt langsam, aber stetig ab, bis bei...

km 18,4 eine △ Schutzhütte mit mehreren Bänken und Tischen erreicht wird. Der befestigte Weg führt weiter oberhalb der Bode entlang.

km 18,6 In einer gusseisernen Platte im Fels ist die Jahreszahl 1878 eingelassen. Nur 200 m weiter ist die Straße erreicht. Halten Sie sich hier rechts und gehen an einem Strommast vorbei in den Wald hinein.

Die Bode macht hier eine große Schleife an der **Falkenklippe**. Nach kurzer Zeit kreuzt die Straße die Bode erneut und Sie haben die Bode wieder auf der linken Seite.

km 19,2 Sitzbank oberhalb der Bode.

km 20,0 An einem Wendeplatz mit Trafohäuschen passieren Sie das Grundstück der Gaststätte/Hotel "Bodeblick".

Wandern Sie nun weiter durch **Treseburg** an mehreren Häusern mit Hotels, Pensionen und Gaststätten vorbei. Eine Fußgängerbrücke führt zum anderen Ufer und für Autos ist eine mit Betonplatten ausgelegte Furt zu erkennen. Das Ende der 5. Etappe ist erreicht.

Treseburg

⇧ ca. 280 m · 115 Ew. · 250 · 039456 · 38889

Touristinformation, Ortsstr. 24, ☎ 223, FAX 56003, www.bodetal.de, www.treseburg.de, treseburg@bodetal.de

Hotel Bodeblick, Halde 1, ☎ 5610, FAX 56194, hotel.bodeblick.treseburg@t-online.de, www.hotel-bodeblick-treseburg.de

♦ Hotel & Pension, Zur Luppbode, Ortsstr. 26, ☎ 56751, FAX 569999, www.hotel-zur-luppbode.de

♦ Ferienhotel Forelle, Ortsstr. 28, ☎ 625005, FAX 606765, reisedienst:forelle@web.de, www.forelle-reisen.de

♦ Pension & Gaststätte Wanderers Rast, Ortsstr. 25b, ☎ und FAX 370

♦ Pension Bergcafé, Ortsstr. 27, ☎ 275, FAX 56768, bergcafe_mendorf@gmx.de

Pension Waldesruh, An der Halde 6 , ☎ und FAX 41222

♦ Pension Treseburg, Ortsstr. 17, ☎ 268

Pension & Café Felseneck, Ortsstraße 17, ☎ 41980 , FAX 41981

1458 wird in Treseburg erstmalig eine Eisen- und Kupferhütte urkundlich erwähnt. Der Ort liegt am linken Bode-Ufer an der Einmündung der Luppbode. Der Ortsname stammt vermutlich von der Treteburg, die in den Kämpfen Heinrichs IV. gegen die Sachsen um 1080 erwähnt wird. Die älteren Häuser des nur knapp 120 Einwohner zählenden Ortes bestehen zum größten Teil aus den Steinen der Burg, von der nur noch von Gras überwachsene Grundmauern zu erahnen sind. Sie wurde ursprünglich 965 erbaut und während der Bauernkriege 1525 geschleift.

Um 1900 war Treseburg einer der beliebtesten Fremdenverkehrsorte im Harz. Heute lebt der Ort ausschließlich vom Tourismus und wurde 2002 Luftkurort.

⌘ Im Uhrenmuseum (vornehm: Museum zur Geschichte der Zeitmessung und der Uhrenentwicklung) wird die Geschichte der Uhr über 5.000 Jahre anhand von 500 Ausstellungsstücken (u.a. Sonnenuhren, Wasser- und Feueruhren, Turmuhren, Schwarzwalduhren, Küchenuhren, Wecker, Armbanduhren, Taschenuhren, Uhren in Fahrzeugen, Uhren in technischen Geräten, einmalige Uhren aus eigener Werkstatt) dargestellt.

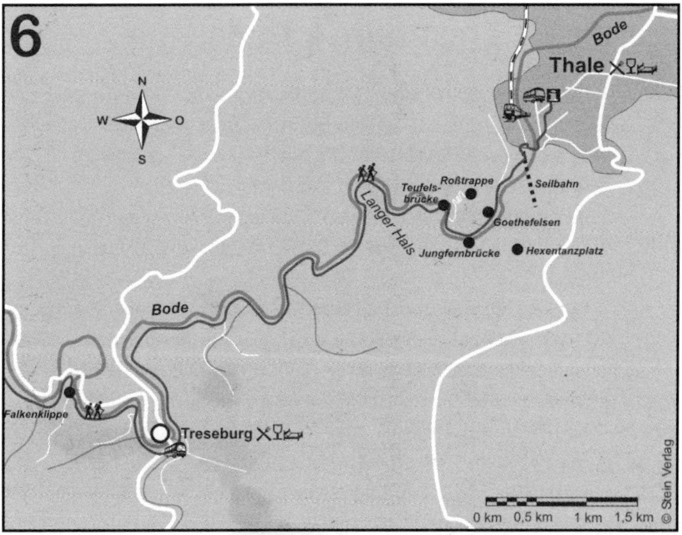

♦ Uhrenmuseum, R. & S. Fischer, Ortsstraße 11, ☏ und FAX 56732, Treseburg-Museum@t-online.de

☺ Oberhalb des Ortes befindet sich der Aussichtspunkt **Weißer Hirsch** auf einer 415 m hohen Felsklippe, um die sich eine Sage rankt:

"Der Ritter von der Treseburg war auf einer seiner wilden Jagden hinter einem stattlichen weißen Hirsch her, der, in die Enge getrieben, vor dem Abgrund der Bodeschlucht stockte - als einziger Ausweg blieb nur die Flucht in das Tal der Luppbode. Über Stock und Stein sprang der Hirsch in Panik um sein Leben. Im oberen Tiefenbachtal, das in das Luppbodetal mündet, verschwand der Hirsch plötzlich spurlos."

Dort, wo ihn der Boden verschluckt hatte, wurden später ergiebige Erzadern gefunden, die viele Jahre den Rohstoff für die Eisenhütten in Thale und Altenbrak lieferten. Der Sage nach hat man den weißen Hirsch an jener Stelle noch viele Jahre danach jeweils am Johannistag, am 24. Juni, gesehen.

Etappe 6: Treseburg - Thale

km 0 Eine Straße wird an einer Brücke gekreuzt und an der Ecke steht eine braune Holzkirche. Oberhalb liegen das "Bergcafé" und etwas weiter an der Straße entfernt die "Jägerstube" und die Gaststätte "Zur Luppbode".

Hier befindet sich auch die Kurverwaltung mit dem Bürgermeisteramt. Eine Infotafel weist auf 16 (!) Übernachtungsmöglichkeiten in Treseburg hin.

Der Weg führt auf einer Fußgängerbrücke über die Luppbode und durch ein Drehkreuz hindurch geradeaus weiter immer an der Bode entlang. Ein Schild mahnt hier "Gehweg - kein Radweg" und auch sonst ist vieles auf dieser Wegstrecke durch Piktogramme auf einer Tafel verboten.

km 1,8 Eine kleine Felswand mit einer Bank und einem Bäumchen, das einen Spalt im Stein gefunden hat.

km 3,1 Ein Felsvorsprung wird mittels eines eisernen Steges umgangen. Ein Bach wird auf einer primitiven Steinbrücke bei...

km 7,9 überquert, nebenan steht eine △ Schutzhütte. Von nun an ist der Weg mit vielen Infotafeln zur Flora und Fauna des Waldes ausgestattet.

km 4,7 Ein Bach quert, Sitzbank.

km 5,8 Die Felsen rücken immer enger zusammen, und das **Bodetal** wird zur Schlucht. Teilweise ist der Hexenstieg jetzt mit einem Geländer versehen.

km 6,5 Der Weg quert einen Schotterhang.

km 7,9 Der Aussichtspunkt **Langer Hals** mit gegenüberliegenden schroffen Felswänden ist erreicht. Kurz darauf geht es auf gemauerten Stufen abwärts.

Anschließend führt der Hexenstieg in Serpentinen steil bergab. Hier kann es bei Nässe sehr rutschig sein. Bei...

Im Bodetal

km 8,4 ist der schäumende und strudelnde **Bodekessel** erreicht und im höher gelegenen Felsgestein sind Aushöhlungen (sog. Strudeltöpfe) zu erkennen, die belegen, dass der Wasserstand diese Höhe erreichen konnte. 100 m weiter überqueren Sie auf der "Teufelsbrücke" die Bode. Nach weiteren 300 m gelangen Sie zur **Schurre**. Ein Schild weist hier nach links steil bergauf "Zur Rosstrappe 55 Minuten" und zum gleichnamigen Berghotel hin.

Die **Schurre** wurde 1864 gebaut und teilweise gepflastert. Sie windet sich in 18 Serpentinen steil empor zur **Rosstrappe**. Die Schurre verläuft durch ein Geröllfeld mit gewaltigen Schuttmassen und bei stärkeren Regenfällen rutscht und "schurrt" das Geröll talabwärts.

Der Wanderweg muss deshalb ständig gewartet werden und ist eigentlich nur trittsicheren Wanderern zu empfehlen.

Kurz darauf gelangen Sie an einen überhängenden Felsen mit einer Brücke am Fels entlang. Von hier aus haben Sie einen schönen Blick zum gegenüberliegenden Berg mit dem Hexentanzplatz.

km 9,3 Am Gasthaus "Königsruhe" führt die **Jungfernbrücke** auf die andere Seite der Bode. Als im Mai 1834 der Preußische König Friedrich Wilhelm IV. hier eine Rast einlegte, wurde ihm zu Ehren das Gasthaus 1875 in "Hotel Königsruhe" umbenannt.

Gasthaus/Pension Königsruhe, 03947-2726, FAX 03947-91731, koenigsruhe@t-online.de, www.koenigsruhe.de

Der Goethefelsen

Gehen Sie durch den Biergarten der Gaststätte immer weiter an der Bode entlang, bis bei...

km 9,8 der **Goethefelsen** passiert wird.

Goethe besuchte 1783, 1784 und 1805 das Bodetal und beschäftigte sich u.a. an dieser Stelle mit der Granitverwitterung. Anlässlich seines 200. Geburtstags wurde im August 1949 die bis dahin "Siebenbrüderfelsen" genannte Felsformation umbenannt - obwohl der spätere Geheimrat den Harz (eher touristisch abfällig) als ein Gebirge mit "grausigen Felsmassen und fürchterlichen Schlünden" bezeichnete.

Der ursprüngliche Name "Siebenbrüderfelsen" stammt aus einer Sage, in der sieben Räuber um eine schöne und gebildete Jungfrau buhlen. Wegen ihres schlechten Rufes werden sie jedoch alle abgewiesen. Gekränkt und blind vor Wut wollen sich die schmachvoll Verschmähten an dem Mädchen rächen und verfolgen sie im Bodetal. Plötzlich bricht ein Unwetter herein, der Himmel verfinstert sich, Blitze zucken und Donner über Donner grollt. Die Räuber verschwinden wie vom Erdboden verschluckt, stattdessen sind sieben Felsengebilde aus zerklüfteten Gestein zu sehen.

300 m weiter überquert die **Katerstiegbrücke** die Bode. Die ehemalige Gaststätte Waldkater - heute Jugendherberge - wurde bereits 1842 errichtet und erinnert vom Namen her an die einst hier heimischen und reichlich vorkommenden Wildkatzen. Kurz darauf taucht ein Mast der Kabinenseilbahn auf.

km 10,8 Talstation der Seilbahn zum Hexentanzplatz. Der Weg führt ein letztes Mal auf der Hubertusbrücke über die Bode, dann durch einen Park und das Ende des Hexenstiegs ist bei...

km 11,4 erreicht.

☺ Wenn Sie Zeit haben, sollten Sie unbedingt mit der Seilbahn zum Hexentanzplatz hinauffahren. Nachdem Sie sich oben alles angesehen haben, können Sie auch nach Thale hinunterwandern.

Thale

DB ⇧ 174 - 450 m 13.500 Ew. 750 06502 03947

Info Thale, Bahnhofstr. 3, ☎ 2597, FAX 2277, info@thale.de, ww.thale.de

Taxi in Thale, ☎ 03947/2435 - nach Altenbrak E 18, nach Treseburg E 13

Hotel/Gasthaus Forelle, Karl-Marx-Str. 84, ☎ 2757, FAX 63967, geha118@aol.com

♦ Hotel Zur alten Backstube, Rudolf-Breitscheid-Str. 15, ☎ 772490, FAX 772499, backstuben@t-online.de, www.hotel-thale.de

Hotel-Pension Villa Alice, Walpurgisstr. 26, ☎ 400640, FAX 4006422, pension-villa-alice@web.de

♦ Hotel-Garni Haus Sonneneck, Heimburgstr. 1a, ☎ 49610, FAX 49623, Haus-Sonneneck-Thale@t-online.de, www.haus-sonneneck-thale.de

♦ Hoffmanns-Gästehaus, Musestieg 4, ☎ 41040, FAX 410410, info@hoffmanns-gaestehaus.de, fragen@hoffmanns-gaestehaus.de

Archäologische Funde belegen, dass bereits im 8. Jahrhundert an dieser Stelle Menschen siedelten. Viel später erhielt ein Gefolgsmann Karls des Großen den Auftrag, neue und herrenlose Ländereien zu finden und in Besitz zu nehmen. Zu der Zeit war der Harz ein unbekanntes und unwegsames Gelände. Wo der Fluss Bode seine enge Schlucht verlässt, stießen die Gefolgsleute Karls des Großen auf eine Quelle - ein idealer Rastplatz. Dankbar versprach der Graf, hier ein Kloster zu errichten und um das Jahr 825 wurde tatsächlich das Kloster Wendhusen erbaut. Schon bald bildete sich eine kleine Siedlung, die im 11. Jahrhundert erstmals als "Dorf im Tale" (Dorp to dem Dale) erwähnt wurde. Das Kloster wurde im 16. Jahrhundert aufgelöst und heute erinnert nur der fünfgeschossige Wendhusenturm aus der Karolingerzeit an die ehemalige Abtei der Augustinernonnen.

Die Siedlung wuchs beständig, wurde zu einem wichtigen Brennpunkt der Eisenverarbeitung und 1922 erhielt Thale das Stadtrecht. Das wild-romantische Bodetal, der sagenumwobene Rosstrappenfelsen und der Hexentanzplatz sind bekannte Attraktionen in unmittelbarer Nähe der Stadt, die auch Goethe interessierten und ihn vom "gewaltigsten Felsental nördlich der Alpen" sprechen ließ.

Theodor Fontane schrieb 1884 aus seinem Besuch in Thale: "Man ist hier gut aufgehoben, gut bedient und gut verpflegt...".

Der Teufel auf dem Hexentanzplatz

⌘ Der **Hexentanzplatz** war sehr wahrscheinlich ein alt-germanisches Felsplateau, an dem in der Nacht zum 1. Mai - der heutigen Walpurgisnacht - Rituale abgehalten wurden. Nach einer These zogen die Sachsen nachts zu ihrer alten Kultstätte, um dort ihre heidnischen Bräuche auszuleben. Die Sachsen hatten die von Karl dem Großen aufgestellten Wachen überlistet, indem sie sich verkleideten, die Gesichter schwärzten, sich mit Besen und Heugabeln bewaffneten und mit großem Geschrei auf die Wachen losgingen. In Panik flohen die christlichen Wächter und erzählten fortan vom schaurigen Treiben der Hexen und Teufel. Vom Hexentanzplatz aus führt der Sachsenwallweg zur ehemaligen Homburg, deren Überreste sich im Bereich hinter dem Bergtheater befinden.

Zum Hexentanzplatz mit seinen drei teuflischen Figuren, die auf und um Findlinge gruppiert sind, führt eine Kabinenseilbahn hinauf. Sie bietet während der Fahrt ein faszinierendes Panorama mit Blick auf schroffe Felsen, grüne Hänge und reißende Wildwasserbäche. Weiter sehenswert ist die Allwetter-Rodelbahn "Harzbob" und der Tierpark mit dem neuen Wolfsgehege sowie die Walpurgishalle.

⌘ Gegenüber vom Hexentanzplatz liegt die Rosstrappe, ein 403 m hoher, markanter Felsvorsprung, der weit in das Bodetal hineinragt. Hier geht es bedeutend ruhiger zu als auf dem lebhaften Hexentanzplatz. Die größte Attraktion ist der sagenumwobene Hufabdruck.

Zu erreichen ist die Rosstrappe von Thale aus mit dem Auto oder - bei schönem Wetter und der nötigen Portion Mut unbedingt empfehlenswert - mit der Sesselliftbahn, die 2005 neu eröffnet wurde. Von der Rosstrappe hat man einen herrlichen Ausblick in das Bodetal und hinüber zum Hexentanzplatz, der sich beinahe in Rufweite befindet.

Die Rosstrappensage geht so: "Auf der Flucht vor dem wilden Böhmenkönig Bodo - der sie gegen ihren Willen freien wollte - rettete sich die schöne Königstochter Brunhilde durch einen waghalsigen Sprung mit ihrem Pferd über das tiefe Tal eines Gebirgsbaches zum gegenüberliegenden Felsen. Mit Mühe erreichte sie diesen, verlor aber dabei ihre Krone. Der Felsen erhielt später den Namen Rosstrappe und noch heute kann man dort den Abdruck des Hufeisens von Brunhildes Gaul bestaunen. König Bodo aber stürzte in das Tal des Baches, der seither seinen Namen trägt ("Bode"). Als Hund verwandelt bewacht er bis auf den heutigen Tag im dortigen Kronensumpf die Krone der Prinzessin."

Südumgehung des Brockens

Erosion am Odertal

Etappe 3a: Torfhaus - Braunlage

km 0 Kreuzen Sie die B 4 und gehen Sie in den Wald. Der zunächst gut ausgebaute Forstweg knickt in einer Rechtskurve ab und wird zu einem normalen Waldweg. Eine Holzbrücke überquert bei...

km 1,0 schließlich den **Flörichshaier Graben**. Hier sind einige Feuchtstellen zu überwinden und teilweise gibt der Boden wegen des torfigen Untergrunds federnd nach. Es folgen einige Gräben und schließlich mündet der Hexenstieg in einen Forstweg.

Hier biegen Sie links ab und richten sich nach dem Schild "2,5 km Oderteich-Damm". Das bisherige Wegstück wurde wegen seiner Lage durch Bruchwald und weil es stark von Baumwurzeln durchsetzt ist, "Märchenweg" genannt.

Wenn Sie an der Linksabzweigung nach **Oderbrück** (mit einem Naturfreundehaus, 2,3 km) Ihren Blick nach rechts wenden, können Sie unten durch die Bäume hindurch schon das Wasser des **Oderteichs** schimmern sehen.

Naturfreundehaus Oderbrück, 37444 St. Andreasberg (Postanschrift),
☎ 0531/280 8710, FAX 0531/890019, naturfreundeladen@t-online.de,
www.naturfreundehaeuser-nds.de/oder.htm

Mit 1,7 Mio Kubikmeter Wasserinhalt ist der Oderteich die älteste Talsperre Deutschlands, die 1714 bis 1721 angelegt wurde - und 170 Jahre lang war sie auch die größte. Der 166 m lange und 19 m hohe Staudamm besteht auf der Wasserseite aus riesigen Granitblöcken, die teilweise mit Eisenklammern verbunden sind. In den Zwischenräumen wurde eine Kerndichtung aus festem Granitsand eingebracht. Granitgrus hat einen hohen Anteil vom Tonmineral Kaolinit, das bei der Verwitterung von Feldspat entsteht und Sandkörner bindet. Ordentlich festgestampft entsteht eine wasserundurchlässige Dichtungsmasse; größere Stellen wurden mit Blei fugendicht gemacht. Die kleine Hütte auf der Dammkrone, das sog. Striegelhäuschen, dient der Regulierung des Wasserstandes.

30 m hinter einer Holzbrücke biegt ein schmaler Weg in den Wald ab, ausgeschildert mit "Staudamm".

Der Bohlenweg am Oderteich

Der Hexenstieg führt zunächst oberhalb des Sees gut ausgebaut weiter, bis er schließlich direkt am See als Bohlenweg ausgebaut ist, der Feuchtstellen überquert und so die Natur schützen soll. Mehrere ⛼ Bänke dieses elegant geschwungenen Weges laden zum Verweilen ein.

km 4,8 Die Staumauer ist erreicht. Überqueren Sie den Damm und begeben Sie sich gleich danach links auf einen treppenartigen Abstieg den 20 m hohen Hang hinunter zum sog. Striegelauslauf, wo der 1717 überwiegend aus Granitsteinen erbaute **Rehberger Graben** beginnt. Nach gut 7 km mündet er in den Oberen Geseher Wasserlauf (bei km 12,1 dieser Wanderung), einen unterirdischen Graben von 450 m Länge.

Folgen Sie dem Graben auf einem schmalen Trampelpfad. Nach 300 m mündet dieser Grabenweg auf einen Forstweg. Hier beschreibt der Graben eine Kurve und ein Bach fügt ihm von rechts Wasser zu.

Der Graben führt jetzt oberhalb des weiten Odertales entlang. Er ist hier mit Granitblöcken bzw. -platten abgedeckt, um ihn geschützt in Winterbetrieb halten zu können.

km 5,3 Auf einer Infotafel wird die **Granitverwitterung** unter dem lustigen Namen "Wollsackverwitterung" (☞ Schierke) beschrieben.

100 m weiter befindet sich an einem seitlich einströmenden Bach ein sog. Drecksumpf, ein Absetzbecken für den Graben, in dem sich nach heftigen Regenfällen angeschwemmter Sand und Sedimente absetzen sollen.

km 7,0 △ Schutzhütte mit Tisch und Bänken und 100 m weiter fließt ein Bach hinzu.

km 8,4 Bachzufluss

km 8,6 Goetheplatz mit drei ⛼ Bank-/Tischkombinationen ist erreicht.

km 9,4 Die verschlossene Hütte des Skiclubs Andreasberg. Unterhalb in der Waldschneise sind mehrere Borkenkäferfallen zu sehen. Während der Graben bisher überwiegend abgedeckt verlaufen ist, ist jetzt ein offenes Teilstück erreicht.

km 10,4 ✗🍷 Waldgaststätte "Rehberger Grabenhaus" (montags Ruhetag), draußen befindet sich eine Tisch-/Bankkombination zum "Rucksackverzehr".

Das Grabenhaus diente einst als Wohnhaus für den Grabensteiger, der für das Funktionieren des Grabens verantwortlich war. Bei Schneeschmelze oder heftigen Gewitterregen musste immer jemand vor Ort sein, der einer Zerstörung des Grabens durch Wassermassen vorbeugen konnte - bei Tag und Nacht - allzeit bereit. 1811 kam der König von Westfalen (ein Bruder Napoleons) hier durch und extra für ihn wurde ein Festsaal angebaut.

Interessant ist eine Ausstellung von verschiedenen Geweihen von Rotwild bis Hirsch. Es werden u.a. ein einjähriger Spießer und ein ungerader Zwölfender, der 11 bis 12 Jahre alt ist, gezeigt.

100 m weiter an der Asphaltstraße steht eine △ Schutzhütte.

km 11,1 Der **Sonnenberger Graben** mündet in den Rehberger Graben. An dieser Stelle biegen Sie links auf den eben verlaufenden Weg ab, der weiter am Rehberger Graben entlangführt.

Am Sonnenberger Graben

Nach nur 100 m wird eine Pegelanlage erreicht, mit der der Wasserstand automatisch gemessen und registriert wird. Heute wandeln sechs kleine Kraftwerke die Wasserkraft in Elektrizität um. Mit der Stromerzeugung werden die Unterhaltungsarbeiten am Oderteich und am Rehberger Graben beglichen.

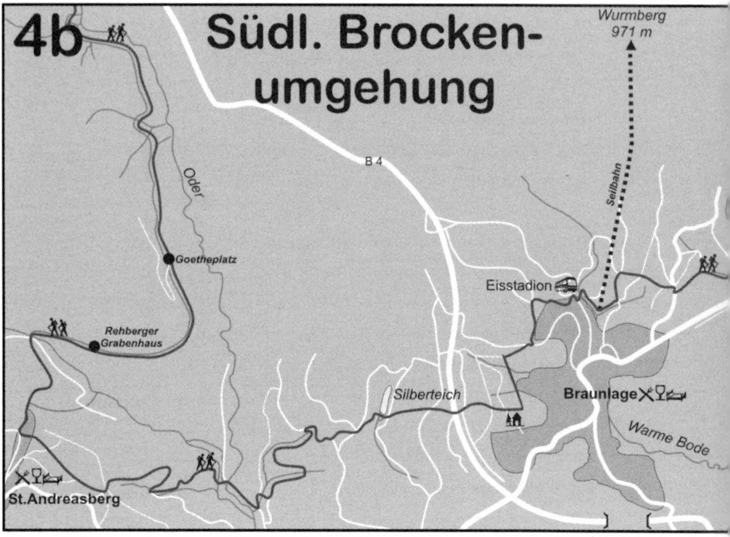

km 12,1 Ab hier verläuft der Graben weitgehend abgedeckt. 200 m weiter verschwindet der Graben in den **Geseher Wasserlauf**, der 450 m durch den Berg hindurch nach St. Andreasberg führt.

Der Hexenstieg steigt hier steil bergan auf die 723 m hohe Jordanshöhe. Rechts und links liegen die "Eichsfelder Hütte" (Jugend- und Landschulheim) sowie das Naturfreundehaus.

Naturfreundehaus St. Andreasberg, Jordanshöhe, Am Gesehr 37, 37444 St. Andreasberg, ☏ 0531/2808710, FAX 0531/890019, naturfreundeladen@t-online.de, www.naturfreundehaeuser-nds.de/andreas.htm

Sie stoßen auf eine Asphaltstraße, der Sie ca. 200 m folgen. Hinter dem Haus der Turngemeinde Northeim biegen Sie links ab in einen Schotterweg, der weiter über eine Naturwiese führt.

Hinweis: Wenn Sie hier statt links abzubiegen geradeaus weitergehen, erreichen Sie in ca. 1,5 km Entfernung das Ortszentrum von St. Andreasberg.

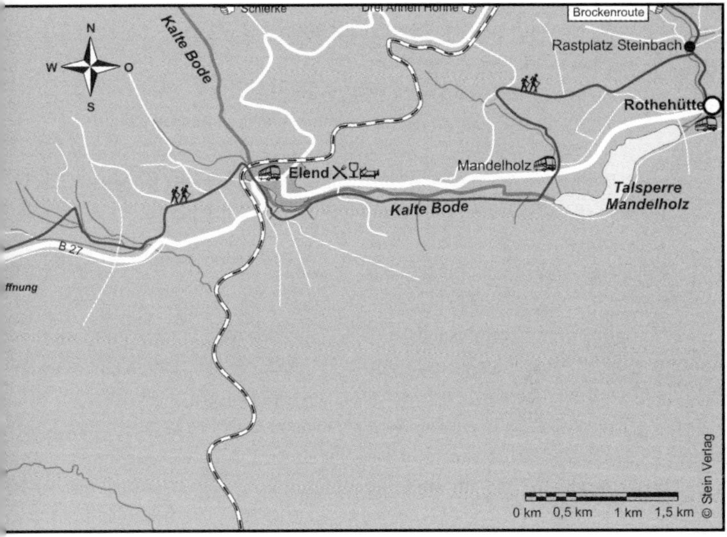

St. Andreasberg

600 - 900 m 2.200 Ew. 3.000 37444 05582

- Tourist-Information, Am Kurpark 9, ☎ 80336, FAX 80339, info@sankt-andreasberg.de
- Berghotel Glockenberg, Am Glockenberg 18, ☎ 219, FAX 8132, hotelglockenberg@aol.com, www.hotel-glockenberg.de
- ♦ Hotel Rehberg, Clausthaler Straße 4, ☎ 1009 und ☎ 8373, FAX 8640, information@hotel-rehberg.com
- ♦ Hotel In der Sonne, An der Skiwiese 12, ☎ 91800, FAX 918020, indersonne@t-online.de, www.indersonne.de
- ♦ Hotel Skandinavia, An der Rolle, ☎ 644, FAX 999928, hotel-skandinavia@t-online.de, www.hotel-skandinavia.harz.de
- ♦ Hotel-Pension Fernblick, St.-Andreas-Weg 3, ☎ 227, FAX 8387
- ♦ Hotel-Pension Jagdhütte, Am Gesehr 5, ☎ 668, FAX 8668
- Hotel garni Vier Jahreszeiten, Quellenweg 3, ☎ 521, FAX 578, info@vier-jahreszeiten-harz.de, www.vier-jahreszeiten-harz.de
- ♦ Haus Regina, Schwalbenherd 22, ☎ 615

- Haus Wilhelmine, Promenadenweg 2, ☏ 639, FAX 8131, ✉ airfield2004@hotmail.com
- Pension Alfa, St.-Andreas-Weg 1, ☏ 696, FAX 1878, ✉ hotel-pension.alfa@harz.de, 🖳 www.hotel-pension.alfa.harz.de, ✉ jagdhuette@harz.de, 🖳 www.jagdhuette.harz.de
- Haus Groffmann, Am Gesehr 4, ☏ 1858, 🖳 www.haus-groffmann.de
- Pension Haus Edeltraud, Herrenstraße 6+8, ☏ 417, FAX 92818, ✉ info@hausedeltraud.de
- Haus Asche, Am Markt/Breite Straße, ☏ 248

1487 wurde in der Gegend bereits in kleinem Rahmen nach Erz geschürft, wie aus einer überlieferten Urkunde hervorgeht. Als 1520 "...in einer Klippe am Beerberge ein handbreiter Gang mit Glanzertz und reichhaltigen Nestern Rotgülden angeschlagen ward", also erste reiche Silberfunde Gewinn versprachen, erließen die Grafen für ihr Territorium 1521 eine "Bergfreiheit" nach sächsischem Vorbild. Diese Verordnung räumte allen Bergleuten, die in der Grafschaft nach Bodenschätzen schürfen wollten, besondere Vergünstigungen ein. Es war im Land der überwiegend Leibeigenen ein großes Privileg, "frei auf dem Berg zu sein" und dem Stand der Bergleute anzugehören.

Wie ein Lauffeuer sprach sich die Nachricht von bedeutenden Silberfunden im Harz in deutschen Landen herum. Massenhaft strömten Menschen in die raue Wildnis der Berge und was sich am Sankt Andreasberge dann abspielte, war dem Goldrausch am Klondike gleichzusetzen. Nicht nur aufrechte Bergwerksleute, sondern auch allerlei Gesindel versuchten ihr schnelles Glück zu machen. Der lange Arm des Gesetzes reichte noch nicht bis hinauf in die Berge und es herrschte das Recht des Stärkeren, das sogar mit Faust und Waffen durchgesetzt wurde.

Leben und Arbeit gerieten 1528 mit der Einführung der Bergordnung in etwas ruhigere Bahnen. Sie regelte den Betrieb der Gruben, und ein Bergamt fungierte als strenge Aufsichtsbehörde. Gleichzeitig wurden feste Behausungen für die Bergarbeiterfamilien gebaut, die rasch zu einer größeren Siedlung zusammenwuchsen. Diese ersten Häuser standen in der Nähe des heutigen Marktplatzes, wo es einige Trinkwasserquellen gab. Als das Plateau schließlich besiedelt war, dehnte sich die Bebauung auch auf die angrenzenden Berghänge aus.

Geschlossene Grubenbelegschaften mit eigenen Steigern kamen aus verschiedenen Orten des Erzgebirges in den Harz und brachten ihre Kultur und obersächsische Sprache mit. Sie kamen nicht nur nach St. Andreasberg, sondern auch in die anderen sechs, auf identische Weise entstandenen Bergstädte.

Der Schutzpatron der Mansfelder Bergleute aus dem heutigen Sachsen-Anhalt, der heilige Andreas, war der Namensgeber für St. Andreasberg, das 1537 die Stadtrechte erhielt. Die Stadt hatte damals bereits 300 Häuser und es wurden 116 Gruben betrieben. Im Gegensatz zu den durch Schutzmauern eingeengten Städten des Mittelalters war St. Andreasberg eine vergleichsweise moderne und geplante Stadt mit parallel verlaufenden Straßen. Um 1570, als der Silberbergbau zum ersten Mal boomte, hatte die Stadt bereits über 7.000 Einwohner - das waren mehr als doppelt so viel wie heute.

⌘ Zu Deutschlands bedeutendsten Montandenkmälern gehört die ehemalige **Silbererzgrube Samson**, die heute als Schaubergwerk bis 190 m tief befahrbar ist. Der insgesamt direkt auf dem Erzgang niedergebrachte Schacht reicht sogar bis in eine Tiefe von 810 m. Die aus dem späten 18. und frühen 19. Jahrhundert stammende Anlage mit den zwei Wasserrädern und der Fahrkunst ist auch nach der Schließung 1910 fast vollständig und im Originalzustand erhalten und kann besichtigt werden.

Als Goethe 1777 die Samsongrube besichtigte, reichte der Schacht bereits in eine Tiefe von 400 m. Auf nassen und rutschigen Leitern ging es in endloser, kraftzehrender Kletterei hinunter und wieder hinauf, was der Dichter in seinem Tagebuch so kommentierte: "Ward mir sauer".

1830 war der Schacht bereits mehr als 600 m tief und nur junge Männer konnten die Strapazen des zweieinhalbstündigen Aufstiegs überhaupt bewältigen. 1833 erfand der Zellerfelder Dörell die "Fahrkunst", die aus zwei 657 m langen Gestängen mit Griffen und Tritten bestanden, die sich um 1,60 m nebeneinander auf- und ab bewegten.

Die Bergleute mussten in dem Moment des Stillstandes von dem einen zum anderen Gestänge hinübersteigen, in dem die Umkehrung der Bewegungsrichtung erfolgte. So wurden sie jeweils um 1,60 m nach oben oder nach unten befördert. Ohne sich besonders zu plagen, dauerten das Ein- und Ausfahren jetzt nur noch knapp eine Stunde.

♦ Bergwerksmuseum Grube Samson, Am Samson 2, 37444 Sankt Andreasberg, ☏ 05582/1249, FAX 05582/923051, ✉ grube_samson@t-online.de, 💻 www.harzer-roller.de/grube/de/frames/text.html

⌘ Das **Harzer Roller-Museum** im Samsoner Gaipel zeigt die Geschichte, die Zucht und Haltung der Harzer Roller (Kanarienvögel) in einer liebevoll erstellten Ausstellung, die seit Anfang des 19. Jahrhunderts ein willkommener Nebenerwerb für über 350 Bergleute und ihre Familien war. 1850 war St. Andreasberg das Zentrum der Harzer-Roller-Zucht und ein einziger Großhändler verkaufte 1882/83 über 180.000 Exemplare in alle Welt.

♦ Harzer Roller-Kanarien-Museum, Am Samson 2, 37444 Sankt Andreasberg, ☏ 05582/1249, FAX 05582/923051, ✉ grube_samson@t-online.de, 🖳 www.kanarienvogel-museum.de

km 14,1 Der Weg führt in einen Wald hinein.
An einer Wegekreuzung befindet sich der Hochbehälter St. Andreasberg, ein Wasserspeicher, ähnlich einem Wasserturm in flachem Land - hier biegen Sie links ab.
Gleich darauf zeigt ein Wegweiser "150 m Brockenblick" an, von wo Sie bei klarem Wetter einen schönen Ausblick auf den Brocken haben können.

km 15,3 Der Hexenstieg zweigt nach rechts ab und es geht bergab, bis zu einer Linkskurve mit einer Sitzbank. Hier biegt er links steil bergab in den dunklen Wald hinein und führt hinunter ins **Odertal**. Die Forststraße ist schon durch die Bäume zu erkennen, aber an einer Barriere werden Sie nach rechts abgeleitet.

km 16,7 Holzbrücke mit einem Zufluss der Oder. 200 m weiter ist der asphaltierte Forstweg erreicht und auf einer soliden Brücke wird der Hauptlauf der Oder überquert.
An einer Bank auf der linken Seite biegt ein Trampelpfad zur Gaststätte "Rinderstall" ab (mittwochs Ruhetag). Entlang eines Geländers führt der Hexenstieg jetzt ca. 300 m weit steil nach oben, bis er auf einen Forstweg stößt - diesem folgen Sie nach links bergan.

km 18,0 Bank

km 18,8 Der Hexenstieg biegt rechts vom Hauptweg ab.

km 19,0 Bank und ein Weg zweigt in den Wald ab. 300 m weiter kreuzt der Hexenstieg die Waldstraße, einen asphaltierten Forstweg mit Bank und gegenüber geht's geradeaus weiter. Nur 100 m weiter biegen Sie rechts ab.

km 19,4 Der **Silberteich** ist erreicht mit drei Bänken auf der Dammkrone. Gleich hinter dem Überlauf biegt der Hexenstieg rechts ab zu einem Waldweg, den Sie kreuzen und weiter bergan steigen.

An einem Hochspannungsmast befindet sich eine Wegekreuzung mit einer Bank, gehen Sie geradeaus weiter.

km 20,0 Die B 242, die gut ausgebaute Umgehungsstraße von Braunlage, wird unterquert.

400 m weiter taucht die Jugendherberge von Braunlage auf der rechten Seite auf.

Jugendherberge, Von-Langen-Str. 28, ☏ 2238, FAX 1569,
jh-braunlage@djh-hannover.de

Links neben der Straße führt ein Weg bis zu einem Sportplatz, an dem Sie links abbiegen. Am Waldrand liegen Einfamilienhäuser, ein Bach wird überquert. Der Weg steigt jetzt steil an und oben geht es rechts weiter.

km 23,0 Der Hexenstieg führt über eine offene Bergwiese mit vier Bänken und einem schönen Ausblick über einen Teil von Braunlage. Am Ende der Bergwiese biegen Sie links ab in die Straße "Unter den Buchen". Nach einem weiteren Kilometer sind Sie im Zentrum von Braunlage.

Braunlage

⇧ 600 - 970 m 5.200 Einwohner 7.400 38700 05520

Kurverwaltung Braunlage/Tourist-Info, Elbingeröder Str. 17, ☏ 93070,
FAX 930720, tourist-info@braunlage.de, www.braunlage.org

Hotel Emsländer Hof, Harzburger Straße 16, ☏ 923831,
hotel@emslaender-hof.de

- Hotel Cafe Wagner, Am Brunnen 5, ☏ 2250, info@cafe-wagner.com
- Harzhotel Viktoria, Herzog-Wilhelm-Straße 10, ☏ 639,
info@harzhotel-viktoria.de
- Landhaus Zum Schultheiss, Heinrich-Jasper-Platz 5, ☏ 601, FAX 8138
- Hotel Achtermann, Lauterberger Str. 2, ☏ 770,
info@hotel-achtermann.de
- Hotel Altes Forsthaus, Harzburger Straße 7, ☏ 9440,
rezeption@forsthaus-braunlage.de

- ♦ Hotel Recke, Elbingeröder Straße 18, ☎ 1012
- ♦ Hotel-Pension Haus Elise, Elbingeröder Straße 38, ☎ 2251
- ♦ Hotelpension Harzidyll, Bodestraße 4, ☎ 804668, ✉ Joergmachatschek@aol.com
- 🛏 Hotel garni Haus Hütteberg, Kleine Bergstraße 6, ☎ 3004, ✉ haushuetteberg@t-online.de
- ♦ Pension Bergkranz, Lederhecke 5, ☎ 631, ✉ hotelbergkranz@aol.com

Um 1200 entstand die erste Ansiedlung um ein Hüttenwerk. 1227 wurde der Name "Brunla" zum ersten Mal urkundlich erwähnt und bis ins 17. Jahrhundert wandelte er sich von "Brunenloha" in "Brunenlo" zu "Braunlohe", dann "Braunlahe" und "Braunlah" in das heutige "Braunlage" um. Die Entwicklung zum Kurort beginnt 1882 mit der Einrichtung einer Anstalt für medizinische Bäder.

Nach einer Schneekatastrophe ließ sich Oberförster Ulrichs die ersten Schneeschuhe nach norwegischem Vorbild anfertigen - dies hatte den Beginn des Skilaufes in Braunlage zur Folge. Konsequenterweise erfolgte 1892 durch den Oberförster die Gründung des Skiklubs Braunlage. Somit entstand einer der ältesten Vereine Deutschlands. 1902 wurde die erste Ski-Sprungschanze im Bodetal erbaut, fünf Jahre später folgte die Rodelbahn. 1909 fanden die Deutschen Skimeisterschaften erstmals in Braunlage statt - mit der Einweihung der Brockenweg-Skischanze.

Die deutschen Rodelmeisterschaften wurden 1922/23 durchgeführt und mit der Fertigstellung der Wurmbergschanze im selben Jahr fanden wiederum die Deutschen Skimeisterschaften statt. 1934 erhielt Braunlage die Stadtrechte und wurde von 1946 bis 1972 Kreisstadt. 1960 feierte man die Einweihung der neuen Ski-Sprungschanze am Brockenweg.

Im Rahmen der Gebietsreform wurde das 12 km entfernte Hohegeiß 1972 in die Stadt Braunlage eingemeindet. Der Landkreis Blankenburg wurde aufgelöst und die Stadt Braunlage dem Landkreis Goslar zugeordnet.

1974 wurde das Eisstadion an der Harzburger Straße eingeweiht. Am 12. November 1989 öffneten sich die Grenze zur DDR. 1994 erfolgte die Sprengung des 81 m hohen Nato-Turms auf dem Wurmberg und ein Jahrhunderthochwasser richtete Millionenschäden an. Der Ausbau der Wurmbergschanze und die Renovierung und Modernisierung der Wurmbergseilbahn kamen 2001 zum Abschluss.

Der Tourismus hat heute die größte wirtschaftliche Bedeutung. Braunlage bietet mit Hohegeiß 8.500 Betten in Sanatorien, Hotels, Pensionen, Gästehäusern und Ferienwohnungen. Jährlich besuchen etwa 235.00 Gäste mit gut 1.155.000 Übernachtungen die Stadt.

Ein Teil der Überreste einer steinzeitlichen Kultstätte auf dem Wurmberg von über 1 km Länge wurde durch Bau der Sprungschanze und anderer touristischer Einrichtungen sowie den Straßenbau zerstört. Übrig sind noch die sog. "Hexentreppe", im Anschluss daran ein gepflasterter Weg und der zentrale Teil der Kultstätte.

Etappe 3b: Braunlage - Rübeland

km 0 An der Talstation der Kabinenseilbahn auf dem **Wurmberg** (971 m) steigen Sie rechts vorbei bergan, kreuzen dann die Große Wurmbergstraße und erreichen schließlich bei...

km 1,5 die B 27, der Sie 300 m auf der rechten Straßenseite nach rechts bis zu dem Punkt "Grenzöffnung" folgen. Hier ist am ehemaligen Grenzstreifen direkt an der Bundesstraße ein großes Denkmal aus zwei Felssteinen mit der Inschrift "Deutschland 1989 wieder vereint " aufgestellt worden. Gleich dahinter steht eine △ Schutzhütte. Der Hexenstieg führt als Trampelpfad in den Wald hinein, verläuft parallel zur Bundesstraße und stößt dann auf einen Forstweg.

Rast am Denkmal zur Wiedervereinigung

km 3,3 △ Schutzhütte

Der Weg schwenkt jetzt nach links von der Straße weg, an einem Holzlagerplatz vorbei und zwischen einem Hochwald und einer Tannenschonung hindurch. In einer scharfen Linkskurve des Forstwegs führt der Hexenstieg nach rechts abknickend in die Schonung. Der Hexenstieg kreuzt einen Plattenweg aus DDR-Zeiten.

Rechts ist in ein paar 100 Metern Entfernung ein P Parkplatz mit Kiosk "Kukkis Erbsensuppe" und Schutzhütte zu sehen.
Gehen Sie geradeaus weiter. Wenn der Hexenstieg fast die verkehrsreiche Bundesstraße erreicht hat, knickt er nach links ab.

km 4,4 Kleine Holzbrücke

km 4,8 Der Trampelpfad mündet in einen befestigten Forstweg, dem Sie nach links bergan folgen. Später ist eine Schutzhütte mit Bank und Tisch erreicht.

km 5,5 Gehen Sie an einer T-Kreuzung geradeaus weiter. 150 m später führt der Weg an einer Bank nach rechts in den Wald hinein und wird ab hier als Ulmerweg bezeichnet.

km 5,9 Die Schmalspurbahngleise der Harzquerbahn nach Nordhausen werden gekreuzt. Es verkehren mehrmals täglich Züge auf dieser Strecke, davon aber nur zwei mit Dampflok.
Gehen Sie bergab zur B 27.
Direkt an der Bundesstraße in **Elend** befindet sich das Grundstück "Waldschlösschen" mit allerlei kitschigen Tier- und Menschenfiguren im parkähnlichen Garten. Ein Schild warnt vor dem Betreten und weist auf Selbstschussanlagen (!) hin.
Überqueren Sie die Straße und dann den Parkplatz der Gaststätte "Waldmühle". Auf diese Weise gelangen Sie rechts auf einer Stahlbrücke über die Kalte Bode.
Vor Ihnen liegt jetzt die schöne Holzkirche von Elend auf einer riesigen Wiese.

Elend

Harzquerbahn 560 m 2.700 Ew. 280 039455 38875

Tourist-Info, Hauptstraße 19, 375, FAX 58740, info@elend-harz.de, www.elend-harz.de

Hotel Waldmühle, 51222, FAX 58832, Braunlager Straße 15, www.harz-hotel-waldmuehle.de

Pension Bodetal, Hauptstraße 28, und FAX 381, Handy 0173/8932629

Zusätzlich eine Vielzahl an Ferienwohnungen und -häusern, die aber selten an Wanderer für eine Nacht vermietet werden.

Im 16. Jh. wurde eine Sägemühle gebaut und 1780 folgte eine Eisenhütte. Die Arbeiter siedelten sich bald in der Nähe des Werks fest an und das Dorf Elend entstand. Der etwas ungewöhnliche Name bedeutet "Ausland" (eli elendi) und stammt von den Mönchen von Ilsenburg und Walkenried, die auf ihren Pilgerwanderungen nach Rom im Elendstal Rast machten.

Nach der Stilllegung der Eisenhütte im Jahr 1863 zogen die meisten Hüttenarbeiter mit ihren Familien fort und die einzige Erwerbsquelle war die Forstwirtschaft. Bereits 1899 fuhr die Harzquerbahn durch den Ort und nach dem Ersten Weltkrieg kam langsam der Fremdenverkehr auf, der bescheidenen Wohlstand brachte - im Sommer 1925 gab es immerhin schon 31.550 Übernachtungen.

Sogar in der Literatur kommt das Elendstal vor: 1777 weilte Goethe im Bodetal, um seine Abhandlungen über Granit zu schreiben. Er war von der Gegend so beeindruckt, dass er sie in die Walpurgisnachtszene seines "Faust I" einbrachte.

Der Schriftsteller *Wilhelm Raabe* (1831-1910) ließ seine Erzählung "Else von der Tanne" in Elend zur Zeit des Dreißigjährigen Kriegs spielen und beschrieb die Gegend so:

"Es schneite heftig, und es hatte fast den ganzen Tag hindurch geschneit. Als es Abend werden wollte, verstärkte sich die Heftigkeit des Sturmes; das Gestäube und Gewirbel um die Hütten des Dorfes schien nimmer ein Ende nehmen zu wollen; verweht wurden Weg und Steg. Im wilden Harzwald, nicht weit von dessen Rande die armen Hütten in einem Häuflein zusammengekauert lagen, sauste und brauste es mächtig. Es knackte das Gezweig, es knarrten die Stämme; der Wolf heulte, wenn die Windsbraut eine kurze Minute lang Atem schöpfte; – man schrieb den 24. Decembris im Jahr 1648."

Im Elendstal (heute größtenteils Naturschutzgebiet) findet sich noch der ursprünglich für den Harz typische Mischwald, der sonst im Harz den schnell wachsenden Fichten weichen musste, um den Holzhunger der Bergwerke zu stillen. Das Flussbett der Kalten Bode ist von großen Felsbrocken durchsetzt und die Berge um das Tal sind von mächtigen Gesteinsklippen umgeben. Im "Faust" hat Goethe das Elendstal als Ort der Walpurgisnacht verewigt.

Oberhalb des Tales stand im Mittelalter die Elendsburg, die von Benediktinermönchen als Kloster bewohnt wurde. Von dieser einstigen Festung sind über die Jahrhunderte bis heute nur noch ein paar Gräben und Steinbrocken übrig geblieben.

Ein Kurgast reimte einmal in einem Gästebuch begeistert:

"Elend ist kein schönes Wort
für diesen wunderbaren Ort
allhier im grünen Bodetal.
Dies Wort, es klingt so arm und schal."

Gehen Sie wieder zurück über die Brücke und danach steil links hoch zur Bundesstraße. Nach nur 100 m zweigt nach links ein Forstweg in den Wald ab, dem Sie folgen. Der Hexenstieg verläuft nun oberhalb der Kalten Bode.

km 8,5 Ein Trampelpfad verlässt den bisherigen Weg nach links. Nachdem eine Wildblumenwiese überquert ist, gehen Sie auf einer Metallbrücke über den Fluss und der Hexenstieg führt in den Wald hinein.

km 9,2 Sie stoßen auf die B 27 in Mandelholz. Biegen Sie hier rechts ab und gehen Sie am 🛏🍴🍷 Hotel/Restaurant "Grüne Tanne" vorbei.

🛏🍴🍷 Hotel Grüne Tanne, 38875 Elend, ☎ 039454/460, FAX 039454/46155, ✉ hotel_gruene_tanne@t-online.de, 💻 www.mandelholz.de

Direkt hinter diesem Grundstück biegen Sie links ab und nach nur 50 m zweigen Sie rechts ab in das **Wormketal**.

km 10,0 Bank und eine Infotafel zur Montangeschichte.

km 11,5 Der Hexenstieg stößt auf einen gut ausgebauten Forstweg. Unmittelbar darauf biegen Sie rechts in einen leicht ansteigenden Weg ab.

km 13,8 Das **Steinbachtal** ist erreicht. Eine △ Schutzhütte und Bänke und Tische laden zum Verweilen ein.

Hinweis: Hier vereinigt sich die Südumgehung des Hexenstiegs mit dem Hauptweg (Etappe 4, km 7,7 auf Seite 64), der über den Brocken führt. Von hier sind es noch 11,3 km nach Rübeland.

Index

Der Hutthaler Teichdamm

Därr
Alles für Erlebnisreisen
über 25 Jahre
www.daerr.de
LIBYEN
Tschad
Blattaufteilung 1: 200 000

kneifelkrausekube.de
FJÄLL RÄVEN
Von Natur aus schwedisch.
CUBA
SDA 380
3
FJÄLLRÄVEN · Postfach 46 03 05 · D-80911 München · Telefon +49 (0)89 32 46 35-0 · Telefax +49 (0)89 32 46 35-10
office-germany@fjallraven.se
www.fjallraven.com

www.WOICK.de
GPS-Navigation.
Satelliten-Handys für weltweite Sicherheit.
Bekleidung und Schuhe der größten Outdoor-Marken!
Kletterausrüstung, Zelte, Rucksäcke, Schlafsäcke und vieles mehr!
Outdoor
Trekking
Abenteuer
LEKI
An der A8, 1km von der Ausfahrt Stuttgart Flughafen
Plieninger Str. 21/50
70794 Filderstadt-Bernhausen
432 Seiten-Katalog kostenlos!
Tel: 0711 7096-700

DWJ
Junges Wandern
Trekkingabenteuer, Wanderreiten, Inline-Skate-Touren, Barfußwandern oder mit dem Kanu - junges Wandern bietet viele Erlebnisse in der Natur.
Neugierig?
Infos gibt es hier:
Deutsche Wanderjugend
Wilhlemshöher Allee 157
34121 Kassel
Tel. 0561.400 49 80
Fax 0561.400 49 87
info@wanderjugend.de
www.wanderjugend.de

Buchtipp

Conrad Stein
Teutoburger Wald:
Hermannsweg
OutdoorHandbuch
Band 164
Der Weg ist das Ziel
Conrad Stein Verlag
123 Seiten
22 farbige und 21 schwarz- weiße Abbildungen
9 Kartenskizzen
ISBN 3-89392-564-9

- ▷ Einleitung
- ▷ Reise-Infos von A bis Z
- ▷ Routenbeschreibung in 8 Etappen.

Alle Bücher aus dem Conrad Stein Verlag

OutdoorHandbücher - Basiswissen für draußen

Band		€
1	Rafting	6,90
2	Mountainbiking	7,90
3	Knoten	6,90
4	Karte Kompass GPS	7,90
5	Essbare Wildpflanzen	7,90
6	Skiwandern	6,90
7	Wildniswandern	6,90
8	Kochen 1 aus Rucks. u. Packt.	7,90
9	Bergwandern	6,90
10	Solo im Kanu	6,90
11	Kanuwandern	7,90
12	Fotografieren	7,90
13	Wetter	6,90
14	Allein im Wald - Survival für Kinder	6,90
15	Wandern mit Kind	6,90
16	Sex-Vorb. Technik Varianten	6,90
20	Wüsten-Survival	7,90
21	Angeln	7,90
22	Leben in der Wildnis	7,90
24	Ratgeber rund ums Wohnmobil	7,90
25	Wale beobachten	7,90
30	Spuren & Fährten	6,90
31	Canyoning	7,90
34	Radwandern	7,90
35	Mushing - Hundeschlittenfahren	7,90
36	Gesund unterwegs	6,90
39	Erste Hilfe	7,90
45	Solotrekking	6,90
48	Für Frauen	6,90
58	Fahrtensegeln	7,90
65	Seekajak	6,90
68	Minimal Impact - Outdoor - naturverträglich	6,90
69	Abenteuer Teeniegruppe	6,90
70	Wintertrekking	6,90
72	Schnorcheln und Tauchen	6,90
73	Trekkingreiten	7,90
77	Wohnmobil in USA und Kanada	9,90
86	Regenwaldexpeditionen	7,90
94	Wattwandern	7,90
97	Urlaub auf dem Land	7,90
99	Kochen 2 - für Camper	6,90
100	Ausrüstung 1 - von Kopf bis Fuß	7,90
101	Ausrüstung 2 - für Camp und Küche	7,90
102	Ballonfahren	6,90
103	How to shit in the Woods	7,90
104	Globetrotten	7,90
106	Daumensprung und Jakobsstab	6,90
108	DocHoliday - Taschendoktor für Outdoorer, Traveller und Yachties	6,90
120	Trailfinder - Orientierung ohne Kompass und GPS	6,90
129	Kochen 3 - für Zeltlager & Freizeiten	7,90
131	Zeltlager und Jugendfreizeiten - Planung und Vorbereitung	7,90
138	Zeltlager und Jugendfreizeiten 2 Durchführung	7,90
143	Trekking mit Hund	7,90
148	Wenn Kinder fliegen	7,90
165	Fastenwandern	7,90
170	Höhlen - Praxistipps	7,90
176	Vulkane erleben	7,90
181	Kurzweilfibel	7,90

OutdoorHandbücher - Der Weg ist das Ziel

Band		€
17	Schweden: Sarek, Padjelanta, Abisco.	12,90
18	Schweden: Kungsleden	12,90
19	Kanada: Yukon - Kanu- und Floß	12,90
23	Spanien: Jakobsweg	12,90
26	Schottland: West Highland Way	12,90
27	John Muir Trail (USA)	10,90
28	Landmannalaugar (Island) (06)	12,90
29	Kanada: West Coast Trail	9,90
32	Polen: Radtouren in Masuren	12,90
33	Trans-Alatau (GUS)	10,90
37	Kanada: Bowron Lakes	10,90
38	Polen: Kanutouren in Masuren	12,90
40	Trans-Korsika - GR 20	12,90
41	Norwegen: Hardangervidda	12,90
42	Nepal: Annapurna	9,90
43	Schottland: Whisky Trail	12,90
44	Tansania: Kilimanjaro	14,90
49	USA: Grand Canyon Trails	10,90
50	Kanada: Banff & Yoho NP	10,90
51	Tasmanien: Overland Track	12,90
52	Neuseeland: Fiordland	10,90
53	Irland: Shannon-Erne	12,90
54	Südafrika: Drakensberge	10,90
55	Spanien: Pyrenäenweg GR 11	12,90
56	Polen: Drawa-Kanutour	9,90
57	Kanada: Great Divide Trails	10,90
59	Kanada: Wood Buffalo NP (Kanu)	9,90
60	Kanada: Chilkoot Trail	9,90
61	Kanada: Rocky Mountains-Radt.	10,90
62	Irland: Kerry Way	9,90
63	Schweden: Dalsland-Kanal	12,90
64	England: Pennine Way	12,90
66	Alaska Highway	12,90
71	N-Spanien: Jakobsweg-Küstenweg	12,90
74	Nordirland: Coastal Ulster Way	10,90
76	Pfälzerwald-Vogesen-Weg	9,90
78	Polen: Pisa-Narew (Kanuroute)	9,90
79	Bolivien: Choro Trail	10,90
80	Peru: Inka Trail u. Region Cusco	12,90
81	Chile: Torres del Paine	12,90
82	Norwegen: Jotunheimen	12,90
83	Neuseeland: Stewart Island	9,90
84	USA: Route 66	9,90
85	Finnland: Bärenrunde	9 ,90
87	Montblanc-Rundweg - TMB	9,90
88	Griechenland: Trans-Kreta	12,90
89	Schweden: Skåneleden	9,90
90	Mallorca: Serra de Tramuntana	9,90
91	Italien: Trans-Apennin	9,90
92	England: Themse-Ring	9,90
93	Spanien: Sierra Nevada	12,90
95	Norwegen: Nordkap-Route	12,90
96	Polen: Czarna Hancza/Biebrza-Kanu	9,90
98	Wales: Offa's Dyke Path	9,90
107	GR 5: Genfer See - Nizza	12,90
109	Mecklenburgische Seenplatte	9,90
112	Norwegen: Telemark-Kanal	9,90
113	Thüringen: Rennsteig	9,90
114	Alpen: Dreiländerweg (CH-A-I)	9,90
115	Tschechien: Freundschaftsweg	12,90
116	Spanien: Jakobsweg - Via de la Plata	12,90
117	Schweiz: Jakobsweg	12,90
118	Rund Australien	14,90

119	Schwäb. Alb: Hauptwanderweg	12,90
121	Italien: Dolomiten-Rundweg	9,90
122	Schwarzwald-Jura-Weg	9,90
127	Uganda: Ruwenzori-Wand. (05)	12,90
128	Frankreich: Jakobsweg v. Genf... nach Saint-Jean-Pied-de-Port	12,90
132	Dem Kommissar auf der Spur - ein lit. Reiseführer zu Kriminalschauplätzen.	12,90
133	NRW: Natur und KulTour (per Rad)	12,90
134	Deutschland: Vorpommern Radtour durch die Nationalparks	9,90
135	Deutschland: Schleswig-Holstein Tour	9,90
136	Schweiz: Matterhorn - Tour du Cervin	9,90
137	Grönland: Arctic Circle Trail	12,90
139	Belgien: Jakobsweg - Via Mosana	9,90
140	Italien: Alpiner Wanderweg Friaul	12,90
141	Nordspanien: Jakobsweg Alternativroute	12,90
142	Jakobsweg Tillyschanz-Konstanz	9,90
144	Kanada: East Coast Trail	9,90
145	Rund Bornholm zu Fuß u. p. Rad (06)	9,90
146	Tschechien: Isergebirge	9,90
147	NRW: Jakobsweg	12,90
149	Norsp. Jakobsweg Tunnel v. San Adrian	9,90
150	England: Cleveland Way	12,90
151	Kirgistan: Trekking im Tienschan	12,90
152	Nepal: Langtang, Gosaikund u. Helambu	12,90
154	Deutschland: Rothaarsteig	9,90
155	Odenwald-Scharzwald-Weg (06)	9,90
156	Südafrika: Wild Coast Trail	9,90
157	Österreich: Jakobsweg	12,90
159	Sächsische Schweiz Trekkingt.	9,90
160	Brandenburg: Wochenendtouren rund um Berlin	12,90
161	Italien: Ligurischer Höhenweg	12,90
162	Frankr.: Jakobsweg - Via Tolosana	12,90
163	Harz: Hexensteig	9,90
164	Teutoburger Wald: Hermannsweg	9,90
166	Frankreich Jakobsweg: Via Lemovicensis	12,90
167	Niederl.: Nordseeküsten radweg	12,90
171	Türkei: Lykischer Weg	12,90

OutdoorHandbücher - Fernweh-Schmöker

Band		€
46	Blockhüttentagebuch (R. Höh)	12,90
47	Floßfahrt nach Alaska (R. Höh)	10,90
75	Auf nach Down Under (Australien)	7,90
105	Südsee-Trauminsel (Tom Neale)	9,90
110	Huskygesang - Hundeschlittenf.	7,90
111	Liebe - Schnaps - Tod (Thailand)	7,90
123	Pacific Crest Trail (USA)	9,90
124	Zwei Greenhorns in Alaska	6,90
125	Auf dem Weg zu Jakob	9,90
126	Kilimanjaro-Lesebuch	7,90
130	1000 Tage Wohnmobil	12,90
153	Jakobsweg - Lesebuch	7,90
158	Inselfieber	9,90
182	Als Frau allein auf der Via de la Plata	7,90

ReiseHandbücher

Äthiopien	22,90
Antarktis	24,90
Grönland	14,90
Iran	22,90
Kanarische Inseln	14,90
Kiel	9,90
Kiel von oben - Luftbildband	9,90
Kurs Nord	24,90
Libyen	22,90
Neuseeland-Handbuch	18,90
Rumänien	14,90
Schweiz	18,90
Sibirien	22,90
Spitzbergen-Handbuch	22,90
Tansania / Sansibar	19,90

Fremdsprech

Band		€
1	Oh, dieses Dänisch	4,90
2	Oh, dieses Schwedisch	4,90
3	Oh, dieses Spanisch	4,90
4	Oh, dieses Englisch	4,90
5	Oh, dieses Französisch	4,90
6	Oh. dieses Russisch	4,90
7	Oh, dieses Norwegisch	4,90
8	Oh, dieses Niederländisch	4,90
9	Oh, dieses Chinesisch	4,90

☺ Weitere Bücher in Vorbereitung.
Fordern Sie unseren aktuellen Verlagsprospekt an:

Conrad Stein Verlag GmbH
Postfach 1233
59512 Welver
☎ 02384/963912 FAX 963913
www.conrad-stein-verlag.de
info@conrad-stein-verlag.de

Updates, das aktuelle Verlagsprogramm und weitere interessante Informationen zu unseren Büchern finden Sie auch auf unserer Homepage